수도사들의 사다리

수도사들의 사다리

발행일 | 2023년 6월 21일 발행
발행인 | 손영란
저　자 | 귀고 2세(Guigo II)
번　역 | 김진우
편　집 | 키아츠KIATS 편집팀
디자인 | 조유영
펴낸곳 | 키아츠KIATS
주　소 | 서울시 도봉구 마들로 624, 302호
전　화 | 02-766-2019
팩　스 | 0505-116-2019
E-mail | kiatspress@naver.com
ISBN | 979-11-6037-196-3
Web | www.kiats.org
Blog | blog.naver.com/kiatspress

* 본 출판물의 저작권은 키아츠(KIATS)에 있습니다.
* 사전동의 없이 무단으로 복사 또는 전재하여 사용할 수 없습니다.

키아츠 기독교 영성 선집

수도사들의 사다리

저자 귀고 2세(Guigo II)
번역 김진우
본문 감수 및 부록 김재현
자료 협찬 및 감수 한국 성모 카르투시오 수도원,
　　　　　　　　　　한국 주님탄생예고 카르투시오 수녀원

키아츠
KIATS

감사표시

- 이 책은 오랫동안 키아츠의 연구 사역을 지원해 주신 영락교회와 김운성 목사님의 후원과 기도로 발간되었습니다.

일러두기

- 이 책이 나올 수 있도록 각종 자료와 사진과 영상파일을 제공해 주신 카르투시오 수도회에 깊은 감사를 드립니다. 특히 프랑스 샤르트뢰즈에 위치한 본원의 협력과 한국 성모 카르투시오 수도원, 한국 주님탄생예고 카르투시오 수녀원의 적극적인 도움과 자료를 사용할 수 있도록 허락해 주신 것에 감사드립니다. 부록에 담은 각종 사진자료와 영상출처의 저작권은 카르투시오 수도회에 있음을 밝힙니다. 혹시 원래의 뜻이 제대로 전달되지 못한 곳이 있다면, 전적으로 작업자의 이해 부족에 의한 것임을 밝힙니다.

목차

1부 《수도사들의 사다리》 ●7

머리말
사다리의 네 단계
네 단계의 기능
읽기의 기능
묵상의 기능
기도의 기능
관상의 효과
은혜가 임하는 표시
은혜가 감춰지는 방식
잠시 감춰지는 은혜가 우리 안에서 역사하는 방식
은혜를 받은 영혼은 경계해야 한다
요약
네 단계들이 서로 연결되는 방식
몇 가지 결론
세 단계를 방해하는 네 가지 장애물

목차

2부 《관상적 삶에 대한 서신》 ●42

묵상 1
묵상 2
묵상 3
묵상 4
묵상 5
묵상 6
묵상 7
묵상 8
묵상 9
묵상 10
묵상 11
묵상 12

부록 ●105

어느 농부신학자의 카르투시오 수도회 이해하기_
김재현(키아츠 원장)

1. 에필로그
2. 한 개신교 신학자의 카르투시오 수사들의 삶 풀어쓰기
3. "세상이 돌아가는 동안 십자가는 굳건히 서 있습니다."

사진, 영상자료

1부
《수도사들의 사다리》

머리말

귀고 수도사가 사랑하는 게르바제 형제에게 문안드립니다.

주님 안에서 기뻐하십시오. 형제여, 나는 당신에게 사랑의 빚을 지고 있습니다. 당신이 나를 먼저 사랑했기 때문입니다(요한1서 4:10 참조). 당신이 이전에 보낸 편지에서 당신에게 편지를 써달라고 부탁했기 때문에, 답장을 보내야겠다고 느낍니다.

그래서 나는 수도원 생활을 하는 수도사들에게 합당한 영적 훈련에 관한 나의 생각을 당신에게 전달하기로 했습니다. 그러면 경험을 통해 이런 문제들에 대해 더 많은 것을 배운 당신이 그것들을 이론화한 내 생각들을 판단하고 바로잡아 줄 수 있을 것이기 때문입니다(히브리서 4:2 참조).

당신이 바로의 속박에서 놀랍도록 은밀히 취한 어린나무(출애굽기 13:14 참조)의 첫 열매들을 거둘 수 있도록, 우리가 함께 작업한 이런 첫 열매들을 누구보다 먼저 당신에게 드리는 것은 합당한 일입니다. 거기서 그 나무는 홀로 자랐지만, 당신은 솜씨 좋은 묘목상처럼 이 돌감람나무에서 잘라낸 가지를 줄기에 접붙인 후에 그것을 열을 지어 자라는 나무들 중에 심어 줄 것이기 때문입니다(로마서 11:17, 24 참조).

사다리의 네 단계

어느 날 바쁘게 노동을 하던 중에 우리의 영적인 일에 관해서 생각하기 시작했습니다. 그런데, 갑자기 영적 훈련의 네 단계가 마음에 떠올랐습니다.

읽기, 묵상, 기도, 관상이 그것입니다.

이것들은 수도사들이 땅에서 하늘로 올라가게 해주는 사다리를 만들어 줍니다. 그 사다리의 가로대는 몇 개 안 되지만, 그 길이는 엄청날 정도로 깁니다. 사다리의 하단은 땅에 놓여 있지만, 상단은 구름을 뚫고 하늘의 비밀들에 닿습니다(창세기 28:20 참조).

그 가로대들, 또는 계단들은 이름들과 숫자들이 다르듯이, 순서와 특성들의 면에서도 다릅니다. 누구든지 그것들의 특성들과 기능들, 그것들이 갖는 차이점과 중요성을 세심하게 살피는 사람은 이런 일에 쏟을지도 모르는 수고와 관심이 자기가 얻는 도움과 위로에 비교하면 사소하고도 쉬운 것이라고 여기게 될 것입니다(창세기 29:20 참조).

읽기는

온 힘을 집중하여 성경을 주의 깊게 연구하는 것입니다.

묵상은

이성의 도움을 받아 감춰진 진리에 대한 지식을 추구하기 위해 분주하게 정신을 적용하는 것입니다.

기도는

악을 몰아내고 선한 것을 얻기 위해 마음을 다해 하나님을 의지하는 것입니다.

관상은

정신이 하나님께로 들어 올려져서 자신을 초월함으로써 영원한 감미로움이 주는 기쁨을 맛보는 것입니다.

사다리의 네 단계를 설명했으므로, 이제 그 단계들의 기능이 우리와 어떤 관련이 있는 지를 살펴보아야 합니다.

네 단계의 기능

읽기는 달콤한 복된 삶을 추구하고,
묵상은 그것을 지각하고,
기도는 그것을 요청하며,
관상은 그것을 맛봅니다.

말하자면,
읽기는 음식을 통째로 입에 넣고(고린도전서 3:2, 히브리서 5:12 참조),
묵상은 그것을 씹어 부수고,
기도는 그 맛을 추출하며,
관상은 기쁨과 상쾌함을 주는 달콤함 그 자체입니다.

읽기는 외부적인 것에 공을 들이고,
묵상은 핵심적인 것에 공을 들이며(시편 80:17, 147:14 참조),
기도는 우리기 갈망하는 것을 구하고,
관상은 우리가 발견한 달콤함으로 우리를 기쁘게 합니다.

이런 사실을 더 분명하게 밝히기 위해, 가능한 많은 예들 중에 하나를 들어 보겠습니다.

읽기의 기능

나는 다음과 같은 말씀을 듣게 됩니다.

"마음이 청결한 자는 복이 있나니, 저희가 하나님을 볼 것임이요"(마태복음 5:8).

이것은 짧은 성경 본문이지만, 입안에 넣은 달콤한 포도처럼 여러 의미로 영혼의 요구를 만족시킵니다. 영혼은 그 말씀을 주의 깊게 살펴본 후에, "여기에 어떤 선한 것이 있을 것이다"라고 스스로에게 말합니다. 마음으로 돌아가서(누가복음 15:18 참조) 이러한 청결함을 이해하고 찾으려고 노력하는 것은 참으로 귀하고 바람직한 일이기 때문입니다.

그것을 가진 사람은 복이 있다고 일컬어집니다.

복 있는 사람은 영원한 생명이신 하나님을 보는 것을 상급으로 받습니다. 그리고 그것은 거룩한 성경의 너무나도 많은 곳에서 칭송을 받습니다. 따라서, 영혼은 이 말씀을 더 온전하게 이해할 수 있도록, 마치 포도를 포도주 틀에 넣는 것처럼 이 말씀을 입에 넣고 깨물고 씹기 시작합니다. 그렇게 하는 동안, 이처럼 귀한 청결함이 어떤 것이며, 그것을 어떻게 소유할 수 있는지를 물으면서 추리력을 동원하는 것입니다.

묵상의 기능

묵상은 스스로 이 일에 분주한 동안 외부적인 일에 머물지 않고, 중요하지 않은 일에 매이지 않으며, 더 높이 올라가 문제의 핵심에 이르고, 각각의 요점을 철저히 조사합니다.

묵상은 본문이 "몸이 청결한 자는 복이 있나니"라고 말하지 않고, "마음이 청결한 자는 복이 있나니"라고 말한다는 사실에 주목합니다. 그것은 우리의 정신이 더러운 생각에서 깨끗해지지 않으면, 악한 일에서 자유로운 손을 지니는 것으로 충분하지 않기 때문입니다(창세기 37:22 참조).

권위 있는 선지자는 이에 대해서 이렇게 말하고 있습니다. "여호와의 산에 오를 자가 누구며, 그의 거룩한 곳에 설 자가 누구인가? 곧 손이 깨끗하며, 마음이 청결한 자로다"(시편 24:3-4).

같은 선지자는 '하나님이여, 내 속에 정한 마음을 창조하시고"(시편 50:10)라고 말하는 동시에, 또 다른 곳에서는 "만일 나의 마음에 죄악을 품었더라면 주께서 나를 듣지 아니하시리라"(시편 66:18)라고 기도하고 있습니다. 묵상은 이런 말씀들을 통해서 동일한 선지자가 이러한 청결한 마음을 얼마나 간절하게 추구하고 있는지를 감지합니다.

묵상은 거룩한 사람 욥이 이러한 청결함을 보존하기 위해 얼마나 주의를 기울였는가를 생각합니다. 그는 이렇게 말했습니다.

"내가 내 눈과 약조하였는데, 내가 어떤 처녀도 생각하지 않기 위해서였도다"(욥기 31:1).

이 거룩한 사람이 어떻게 자기 자신을 지켰는지 보십시오. 그는 헛된 것들을 보지 않기 위해서, 어쩌면 나중에 간절히 바라게 될지도 모를 것을 자기도 모르게 보는 일이 없도록 눈을 감았습니다(시편 118:37 참조).

묵상은 마음의 청결함에 대해 이렇게 숙고한 후에, 그 상급, 즉 그토록 간절히 사모했던 주님의 얼굴을 보는 것이 얼마나 영광스럽고 기쁜 일이 될 것인지에 대해 생각하기 시작합니다. 그 얼굴은 사람들의 모든 아들보다 더 아름답습니다(시편 44:3). 그분은 더 이상 멸시를 당하거나 버림을 받지 않으십니다(이사야 53:2 참조). 그분은 그분의 어머니가 그분에게 입혀준 지상의 아름다움이 아니라 주께서 지으신 부활과 영광의 날에 그분의 아버지께서 그분에게 수여하신 면류관을 쓰시고, 불멸의 옷을 입으셨습니다(시편 21:3 참조).

묵상은 이렇게 주님의 얼굴을 보는 것이 "나는 의로운

중에 주의 얼굴을 뵈오리니, 깰 때에 주의 형상으로 만족하리이다"(시편 17:15)라는 선지자의 예언을 어떻게 성취할 것인지를 생각합니다. 또한 하나의 작은 포도송이에서 얼마나 많은 즙이 나오는지, 하나의 작은 불꽃에서 얼마나 큰불이 일어나는지를 생각합니다. "마음이 청결한 자는 복이 있나니, 저희가 하나님을 볼 것임이요"라는 이 작은 금속 조각이 묵상이라는 모루 위에서 망치질을 당할 때, 어떻게 새로운 차원을 얻게 되었는지를 아십니까? 진정으로 숙련된 사람의 손으로는 그것에서 훨씬 더 많은 것을 추출할 수 있을 것입니다.

나는 '우물이 깊다'고 느끼지만, 여전히 무지한 초보자에 불과합니다. 나는 그 우물에서 몇 방울의 물을 어렵게 길어 올렸을 뿐입니다(요한복음 4:11).

영혼이 이런 불쏘시개로 불이 붙고, 그 불꽃들이 이러한 갈망들로 부채질 될 때, 영혼은 그 달콤함을 처음으로 감지합니다. 하지만 영혼은 그것을 맛보는 것이 아니라 옥합이 깨질 때 나는 냄새를 맡을 뿐입니다(마가복음 14:3 참조). 영혼은 이로부터 묵상을 통해 기쁨으로 가득 차 있음을 보게 된 청결함을 경험을 통해 아는 것이 얼마나 달콤할지를 추론하게 됩니다(시편 33:9 참조).

하지만 영혼이 무엇을 할 수 있겠습니까?

영혼은 갈망으로 불타오르고 있습니다. 하지만 영혼은 자신이 갈망하는 것을 소유하게 해 줄 수 있는 수단을 전혀 발견할 수 없습니다. 그것을 찾으려고 애쓸수록, 영혼은 더 갈급해집니다. 그렇기 때문에 영혼의 묵상이 길어지는 만큼, 그 고통 역시 길어집니다. 왜냐하면, 묵상이 청결한 마음에 속하는 달콤함을 보여주기는 하지만, 그것을 제공해 줄 수 없기 때문에, 영혼이 그 갈망을 채울 수가 없기 때문입니다.

우리는 이런 달콤함이 "위로부터 주어지지 않는 한"(요한복음 19:11 참조), 읽거나 묵상하는 동안 그것을 경험하지 못합니다. 선한 사람들과 악한 사람들 모두 똑같이 읽고 묵상할 수 있습니다. 심지어 이교도 철학자들도 이성을 사용하여 가장 고귀하고도 참된 선을 발견했습니다.

하지만 "그들은 하나님을 알되, 그분을 하나님으로 영화롭게도 아니하며"(로마서 1:21), 그들 자신의 능력을 신뢰하여 "우리 입술은 우리 것이니, 우리가 우리 자신의 찬송을 부르자"(시편 11:5)라고 말했습니다. 그들에게는 자기들이 볼 수 있었던 것을 이해할 수 있게 해주는 은혜가 없었습니다.

"그들 자신의 생각 안에서 멸망하였고"(로마서 1:21), 그리고 "그들의 모든 지혜는 삼켜진 바 되었도다"(시편 106:27).

그 지혜는 인간의 학문을 연구함으로써 얻은 지혜입니다. 그것은 지혜의 영만이 주실 수 있는 참된 지혜(야고보서 1:17 참조), 즉 형언할 수 없는 달콤함과 더불어 영혼 안에 거하면서 영혼을 기쁘게 해 주고 새롭게 해 주는 그렇게 달콤한 지식을 부여하는 지혜의 영이 아니었습니다. 이 지혜에 대해서, "지혜는 간악한 마음속에 들어가지 않으며"(지혜서 1:4)라고 말합니다.

이런 지혜는 오직 하나님으로부터 임합니다.

주님께서 많은 사람에게 세례를 주는 직분을 맡기셨지만, 세례를 통해 참으로 죄를 사하는 권세와 능력은 오직 자신에게만 남겨 두셨습니다. 그래서 그가 "이분은 세례를 베푸는 분"(요한복음 1:33)이라고 말했을 때, 요한은 그분의 직분을 정의하고 그 직분에 따라 그분을 불렀습니다.,

그래서 우리는 그분에 대해 이렇게 말할 수 있습니다.

"이분은 달콤한 지혜를 주시고, 지식을 영혼에게 달콤하게 만드시는 분입니다. 그분은 많은 사람에게 말씀을 주시지만, 자신이 기뻐하시는 자에게 그리고 자신이 기뻐하실 때에 그러한 영혼의 지혜를 베풀어 주십니다(고린도전서 12:11)."

기도의 기능

영혼은 자신의 힘으로는 자신이 갈망하는 지식과 느낌이 주는 달콤함을 획득할 수 없다는 사실과 "마음이 자신을 더 낮출수록"(시편 63:7), "하나님은 더 높아지신다"(시편 63:8)는 사실을 알기에, 자신을 낮추고 이렇게 기도합니다.

주님,
마음이 청결한 자 외에는 당신을 본 사람이 없습니다. 나는 청결한 마음이 어떤 것이며, 어떻게 그것을 소유할 수 있는지를 알고자 책을 읽고, 묵상하며, 그 도움을 입어 아주 조금이라도 당신을 알 수 있기를 원합니다.

주님,
당신의 얼굴 보기를 간구하면서(시편 26:8 참조) 오랫동안 내 마음속으로 묵상해왔습니다(시편 76:7 참조). 주님, 내가 구한 것은 당신의 얼굴입니다. 그리고 묵상하는 동안 갈망의 불, 즉 당신을 더욱 온전히 알고자 하는 열망은 더욱 커졌습니다(시편 38:4 참조). 당신은 거룩한 성경이라는 떡을 떼어 주시는 중에(누가복음 24:35), 당신 자신을 내게 보여주셨습니다. 나는 당신을 보면 볼수록(누가복음 24:30-31 참조), 더 이상 외부, 즉 문자의 껍데기가 아니라 내부, 즉 문자의 숨겨진 의미를 추구하게 됩니다. 나는 당신을 보면 볼수록, 더욱더 당신을 보기를 갈망합니다.

주님,

나는 나 자신의 공로가 아니라 당신의 자비를 따라 이것을 구합니다. 나는 "심지어 작은 개들도 제 주인들의 상에서 떨어지는 부스러기들을 먹나이다'(마태복음 15:27)라고 말한 여인처럼 나의 무가치함 가운데 나의 죄를 고백할 수밖에 없습니다.

그러니, 주님,

내가 받기를 원하는 것을 주실 것이라고 약속해 주십시오. 나의 목마름을 해소해 줄 하늘의 비를 최소한 한 방울이라도 내려 주십시오(누가복음 16:24 참조). 왜냐하면, 내가 사랑으로 불타고 있기 때문입니다.

관상의 효과

영혼은 그러한 불타는 말로 자신의 갈망을 불태우고, 자신의 상태를 알리며, 그러한 주문(呪文)으로 신랑을 부르려고 합니다.

하지만 눈은 의인들을 향하시고, 귀는 그들의 말뿐 아니라 기도의 의미까지도 꿰뚫어 보시는(시편 33:16, 베드로전서 3:12 참조) 주님은 사모하는 영혼이 말을 마칠 때까지 기다리지 않으시고 그 중간에 끼어드셔서, 그 영혼을 만나기 위해 달려가십니다. 그리고 하늘의 달콤한 이슬을 내려 주십니다.

그분은 가장 값진 향유를 발라 주시고, 지친 영혼을 회복시켜 주시고, 갈증을 해소해 주시며, 허기를 채워주시고, 세상의 모든 것을 잊게 해 주십니다.

그분은 영혼을 자신에 대해 죽게 하심으로써 놀라운 방식으로 새 생명을 주시며, 취하게 하심으로 참된 감각을 회복하게 하십니다.

어떤 신체 기능의 작용에 나타나듯이, 영혼이 육욕에 너무 사로잡힌 나머지 이성을 상실하게 되면, 인간은 완전히 육신에 속한 사람처럼 됩니다. 이와 반대로 이처럼 고귀한 관상에서는 모든 육신적인 동기들이 철저히 정복되고 영혼에서 제거되기 때문에 육신은 결코 영과 대립하지 않으며, 인간은 말하자면, 완전히 영적인 존재가 됩니다.

은혜가 임하는 표시

하지만 주님, 당신이 언제 이 일을 행하실지, 당신의 임하심의 표시가 무엇인지를 어떻게 알 수 있습니까(마태복음 24:3 참조)?

당신의 임하심의 표시는 무엇입니까?

탄식과 눈물이 이러한 위로와 기쁨의 전령이자 증인일 수 있습니까? 만약 그렇다면, 위로라는 단어는 완전히 새로운 의미로 사용되고 있습니다. 일반적인 의미와 반대로 사용되고 있는 것입니다. 만일 눈물이 위로부터 넘치도록 부어지는 영적 이슬이 아니라 눈물이라 일컬어진다면, 위로가 한숨과 기쁨, 그리고 눈물과 갖는 공통점은 과연 무엇입니까?

영적 이슬은 내적 정결함을 표시하는 외적 정화입니다. 유아의 세례에서 외적인 씻음이 내적인 정화를 상징하고 나타내듯이, 여기에서는 역으로 외적 씻음이 내적 정화에서 시작되기 때문입니다. 이것은 우리 내면의 더러움을 깨끗하게 하고 우리 죄의 불을 끄는 복된 눈물입니다. 따라서 애통하는 자는 복이 있나니, 그들이 기뻐할 것입니다(마태복음 5:5).

내 영혼아, 네가 그렇게 울 때 네 신랑을 알아보고, 네가 갈망하던 그분을 얼싸안고, 이런 기쁨의 격류(激流)에 취하고(시편 79:6 참조), 그 가슴에서 위로의 꿀과 젖을 빨도록 하라. 너의 신랑이 가져다 준 놀라운 상급과 위로는 흐느낌과 눈물이다. 이 눈물은 그분이 마시게 해주시는 관대한 한 모금이다. 이 눈물이 주야로 너의 떡이 되게 하라(시편 41:4 참조). 사람의 마음을 튼튼하게 해주는 이 떡(시편 103:15 참조)은 꿀과 송이 꿀보다 더 달콤하다(시편 18:11 참조).

주 예수님, 당신을 생각하고 그리워하며 흘리는 눈물이 이렇게 달콤하다면, 당신의 얼굴을 마주하는 기쁨은 얼마나 달콤하겠습니까? 당신을 위해 우는 것이 이토록 달콤하다면, 당신 안에서 기뻐하는 것은 얼마나 달콤하겠습니까?

하지만 은밀하게 말해야 할 것을 우리가 공개적으로 말하는 이유는 무엇입니까? 언어로 설명할 수 없는 애정을 일상적인 언어로 표현하려는 이유가 무엇입니까?

그러한 것들을 알지 못하는 사람은 그것들을 이해하지 못합니다. 그들은 하나님의 은혜가 교사가 되는 경험의 책을 통해서만 그것들에 관해서 더 분명히 배울 수 있기 때문입니다(요한1서 2:27 참조).

그렇지 않으면, 독자가 세상의 책에서 그것들을 찾으려 하는 것은 무익한 일입니다. 마음속에서 발견되며, 내적인 의미를 드러내 주는 주석이 없다면, 문자적 의미에 관한 연구를 통해서는 거의 달콤함을 맛볼 수 없습니다.

은혜가 감춰지는 방식

내 영혼아, 우리는 너무 오랫동안 이런 식으로 이야기해 왔다. 하지만 우리가 여기에 초막 두 개가 아니고 세 개도 아니고, 단지 우리가 기쁨으로 충만하여 함께 거주할 하나의 초막을 짓는 것이 주님의 뜻이었다면(마태복음 17:4 참조), 우리는 베드로와 요한과 함께 신랑의 영광을 바라보면서 여기서 그분과 함께 잠시 머무르는 것이 좋았을 것이다.

이제 신랑은 "날이 새려 하니, 나로 가게 하라"(창세기 32:26)라고 말씀하신다. 이제 너는 네가 요청했던 은혜의 빛을 받았으며, 그분이 너를 방문하신 것이다. 그분은 복을 주시고, 넓적다리의 신경을 마르게 하시며, 야곱의 이름을 이스라엘로 바꾸신다(창세기 32:25-32).

그런 후에 그분은 잠시 물러나신다. 그토록 오래 기다렸던 신랑이 그렇게 빨리 다시 가신 것이다. 그분은 떠나가신다. 그것은 사실이다. 이 방문이 끝나고 그와 더불어 달콤한 관상도 사라진다.

하지만 그분은 여전히 머무시면서 우리를 인도하시고, 우리에게 은혜를 주시며, 우리를 자신에게 결합하신다.

잠시 감춰지는 은혜가 우리 안에서 역사하는 방식

신부여, 신랑이 잠시 당신에게서 그 얼굴을 돌리더라도 두려워하지 마십시오. 절망하지 마십시오. 자신을 업신여기지 마십시오.

이런 것들은 모두 합력하여 당신을 위해 선을 이루며(로마서 8:28 참조), 당신은 그분의 임하심과 물러나심에서 유익을 얻습니다. 그분은 당신에게 임하셨다가 다시 멀어지십니다. 그분은 당신을 위로하기 위해 오셨고, 당신이 경계하도록 가셨습니다.

이는 위로가 너무 많으면 당신을 교만하게 하고(고린도후서 12:7 참조), 신랑이 항상 당신과 함께 있으면 당신이 형제를 업신여기며, 이 위로를 신랑의 은혜에 돌리는 것이 아니라 당신의 타고난 능력에 돌릴까 두려워하시기 때문입니다.

신랑은 자신이 기뻐하실 때 자신이 기뻐하시는 사람에게 이런 은혜를 베푸십니다. 그것은 합법적인 소유권처럼 소유되지 않습니다. 그분은 지나치게 배려하신다는 이유로 멸시를 받지 않으시려고 스스로 물러나십니다.

그래서 자신이 부재하시는 동안 우리가 더욱 그분 자신을 사모하고, 더욱 간절히 그분을 찾으며, 마침내 그분을 찾을 때 더 크게 감사드리게 하시려는 것입니다.

장차 우리에게 나타날 영광(로마서 8:18 참조)에 비하면 그림자요 일부에 불과하지만(고린도후서 13:12 참조), 이러한 위로가 결코 부족하지 않다면, 우리는 이 땅 위에 영원한 집이 있다고 생각하여 영원한 삶을 덜 추구하게 될 것입니다(히브리서 13:14 참조). 그러므로 우리가 이러한 유배지를 진정한 고향으로, 이 약속을 완전한 상급으로 여기지 않도록, 신랑이 임하셨다가 떠나가시며, 위로를 주시면서 이 모든 것을 약함으로 바꾸시는 것입니다(시편 40:4 참조).

그분은 잠시 동안 자신이 얼마나 달콤한지를 맛보게 하

시며(시편 33:9 참조), 우리가 맛보고 만족하기 전에 떠나가십시다. 이런 식으로 날개를 펴고 우리 위로 날아가심으로써 우리를 날아가도록 격려하시고(신명기 32:11 참조), 사실상 이렇게 말씀하십니다.

"이제 너는 내가 얼마나 달콤하고 즐거운지를 약간 맛보았다(베드로전서 2:3 참조). 이 달콤함을 마음껏 누리고 싶다면, 내 달콤한 향기에 이끌려 서둘러 나를 따라오너라"(아가서 1:3 참조).

"내가 하나님 아버지의 우편에 앉아 있는 곳으로 마음을 들어 올려라"(사도행전 7:55 참조).

"거기서 너는 나를 거울로 보듯이 희미하게 보지 않고 얼굴과 얼굴을 대하고 나를 보게 될 것이다"(고린도전서 13:12).

"그리고 네 마음의 기쁨이 충만할 것이요, 아무도 이 기쁨을 네게서 빼앗지 못할 것이다"(요한복음 16:22 참조).

은혜를 받은 영혼은 경계해야 한다

하지만 신부여, 조심하십시오.

그분은 떠나실 때 멀리 가지 않으십니다. 그분을 찾을 수 없다 할지라도, 당신은 항상 그분의 시야 안에 있습니다. 그분은 앞뒤에 눈이 가득하시며(에스겔 1:18 참조), 당신은 그분에게서 어디로도 숨을 수 없습니다. 왜냐하면 그분은 자신의 사자들, 즉 자신이 계시지 않을 때, 당신이 어떻게 행동하는지 지켜보고 빈틈없이 보고하며, 당신에게 조금이라도 방탕하거나 악한 것이 발견되면 그분께 고발하는 영들로 둘러싸여 계시기 때문입니다.

이분은 질투하는 배우자이십니다(출애굽기 34:14 참조). 만일 당신이 그분보다 다른 누군가를 더 기쁘게 하려고 그 사람과 부정한 짓을 한다면, 그분은 즉시 당신을 떠나시고 다른 사람들에게 은총을 베푸실 것입니다.

이 신랑은 세심하시고, 좋은 집안 출신이시며, 부유하시고, 인간의 아들들보다 아름다우시므로(시편 44:3), 아름답지 않은 여인을 신부로 맞지 않으실 것입니다. 당신에게서 어떤 흠이나 주름을 보시면(에베소서 5:27 참조), 그분은 즉시 당신을 외면하실 것입니다(이사야서 1:15 참조). 그분은 어떤 종류의 더러움도 참지 못하십니다. 그러므로 당신의 신랑과 자주 즐거운 시간을 갖고 싶다면, 순결하고 겸손하고 온유하십시오.

이 문제에 대해서 너무 오래 이야기를 늘어놓은 것 같아 걱정됩니다. 내가 일부러 길게 말한 것이 아니라, 그 주제의 달콤함 때문에 내 의지와는 반대로 길게 말하게 된 것입니다.

요약

이제 우리가 이미 길게 언급한 내용을 요약하여 함께 살펴봄으로써 더 나은 견해를 얻을 수 있도록 합시다. 예를 들어 설명한 내용에서, 이러한 단계들이 서로 어떻게 연결되어 있는지 알 수 있습니다. 한 단계는 시간적으로만 아니라 인과관계의 면에서도 다른 단계에 선행합니다.

읽기는
최우선입니다.
말하자면 기초입니다.

읽기는 묵상을 위해 사용할 주제를 제공합니다.

묵상은
추구해야 할 것을 더 신중하게 고려합니다.
묵상은 발견하고 드러내고자 하는 보물을 찾기 위해 말 그대로 팝니다(잠언 2:4 참조). 하지만 묵상은 보물을 손에 쥘 수 있는 힘이 없기 때문에(마태복음 13:44) 우리를 기도로 인도합니다.

기도는
온 힘을 다해 하나님께 나아가 자기가 갈망하는 보화, 즉 달콤한 관상을 달라고 간청합니다. 관상이 임할 때, 앞선 세 단계의 수고가 보상됩니다.

관상은
목마른 영혼을 하늘의 달콤한 이슬로 흡족하게 합니다.

읽기는 외적인 감각들과 관련이 있습니다.
묵상은 내적 이해와 관련이 있습니다.
기도는 갈망과 관련이 있습니다.

관상은 모든 능력을 능가합니다.

첫 단계인 읽기는 초심자에게 알맞고,
둘째 단계인 묵상은 숙련된 사람에게 알맞고,
셋째 단계인 기도는 헌신된 사람에게 알맞고,
넷째 단계인 관상은 축복받은 사람에게 알맞습니다.

네 단계들이 서로 연결되는 방식

이러한 단계들은 서로 매우 밀접하게 연결되어 있으며, 각 단계는 다른 단계들을 위해 작용합니다. 따라서 마지막 단계 없이는 첫 번째 단계가 거의, 또는 전혀 쓸모가 없습니다. 반면에 첫 번째 단계가 없이는 마지막 단계를 전혀, 또는 거의 획득할 수 없습니다.

우리가 이런 음식을 씹고 소화하여 우리의 가장 깊은 내면에 그 힘이 전달되도록 양분을 추출할 수 없다면, 끊임없이 읽으면서 시간을 보내고, 거룩한 사람들의 삶과 말을 기록한 책들의 지면을 넘기는 것이 무슨 소용이 있겠습니까? 따라서 우리는 열심히 그들의 전기를 읽고 그들의 모범에 근거해서 우리의 영혼의 상태를 주의 깊게 살펴보고, 그들의 모범을 우리 자신의 행동에 반영할 수 있습니다.

하지만 우리가 먼저 읽거나 들은 내용을 통해 이러한 문제에 대해 인도함을 받지 않는다면, 어떻게 올바르게 생각하고, 거짓되고 무익한 주제에 대해 묵상할 수 있으며, 거룩한 조상들이 정한 경계를 넘지 않을 수 있습니까(잠언 22:28 참조)?

듣는 것은 일종의 독서입니다. 그러므로 우리는 자신에게 또는 다른 사람들에게 소리 내어 읽어준 책뿐만 아니라 교사들이 우리에게 읽어준 책을 읽었다고 말하는 데 익숙합니다.

다시 말하지만, 어떤 사람이 묵상 중에 어떤 일을 해야 할지 알게 된다고 하더라도, 기도의 도움과 하나님의 은혜로 그것을 성취하지 않는다면 무슨 유익이 있겠습니까?

"온갖 좋은 은사와 온전한 선물이 다 위로부터 빛들의 아버지께로부터"(야고보서 1:17) 내려오기 때문입니다.

우리는 그분 없이는 아무것도 할 수 없습니다. 그분이 우리 안에서 우리의 일을 성취하시지만, 우리의 역할이 전혀 없는 것은 아닙니다. 사도가 말한 대로 "우리는 하나님의 동역자들"(고린도전서 3:9)이기 때문입니다. 그러므로 우리가 그분께 기도하는 것이 하나님의 뜻이며, 그분의 은혜가 임하여 우리의 문을 두드릴 때(요한계시록 3:20 참조), 우리가 그분께 기꺼이 마음을 열고 그분께 동의하는 것이 그분의 뜻입니다.

주님이 사마리아 여인에게 "네 남편을 불러오라"(요한복음 4:16)라고 말씀하셨을 때 요구하신 것이 바로 이러한 동의였습니다. 그것은 마치 주님이 "나는 너에게 은혜를 채워주고 싶은데, 네가 자유롭게 선택해야 한다"라고 말씀하신 것과 같습니다.

그분은 그 여인에게 기도를 요구하셨습니다.

"네가 만일 하나님의 선물과 또 네게 물 좀 달라 하는 이가 누구인 줄 알았더라면, 네가 그에게 구하였을 것이요, 그가 생수를 네게 주었을 것이라"(요한복음 4:10).

그 여인이 이 말을 들었을 때, 그것은 마치 주님이 그 말씀을 그녀에게 읽어주신 것과 같았으며, 그녀는 이 생수를 받는 것이 자신에게 유익하고 좋을 것이라고 생각하면서 이 가르침을 마음으로 묵상했습니다. 생수를 향한 열망이 불타올랐을 때, 그 여인은 "주여, 그런 물을 주사 목마르지도 않고 또 여기 물 길으러 오지도 않게 하옵소서"(요한복음 4:15)라고 기도했습니다.

그 여인이 주님의 말씀을 듣고 묵상했기 때문에 감동해서 기도를 드리게 되었음을 알 수 있습니다. 그 여인이 먼저 묵상으로 마음에 불이 붙지 않았다면, 어떻게 주님께 탄원할 수 있었겠습니까? 만일 그 여인이 바라야 한다고 제시된 것을 기도를 통해 요청하지 않았다면, 묵상이 무슨 유익이 있겠습니까?

이로부터 우리는 묵상이 결실을 맺기 위해서는 헌신적인 기도가 뒤따라야 하며, 달콤한 관상은 기도의 효과라고 말할 수 있음을 배우게 됩니다.

몇 가지 결론

이로부터 우리는
묵상이 없는 읽기는 무익하고,
읽기가 없는 묵상은 오류에 빠지기 쉬우며,
묵상이 없는 기도는 미지근하며,
기도가 없는 묵상은 결실을 맺지 못하며,
열렬한 기도는 관상을 얻게 하지만,
기도 없이 관상을 획득하는 것은 드문 일이며,

심지어 기적적인 일일 수도 있다는 결론에 이르게 됩니다.

하지만 하나님의 능력에는 한계가 없으며, 그분의 자비로운 사랑은 다른 모든 사역을 능가합니다. 때때로 하나님은 마음이 완악하고 주저하는 사람들을 자발적으로 순종하게 만드시는데, 그것이 돌들로 아브라함의 자손들을 만드시는 것입니다(마태복음 3:9). 하나님은 탕자의 아버지처럼 행동하십니다. 아니면 잠언이 표현하듯이, 청함을 받지 않은 곳에 들어가시고, 자신을 찾지 않은 영혼 안에 거하실 때, 황소를 잡아 주십니다. 이런 일은 예를 들어, 사도 바울과 다른 사람들에게도 일어난 일입니다.

하지만 우리는 그런 일이 우리에게도 일어날 것이라고 추측해서는 안 됩니다. 왜냐하면 이것은 하나님을 시험하는 일이 될 것이기 때문입니다. 오히려 우리는 하나님의 율법을 읽고 묵상하는 우리의 몫을 다해야 하며, 하나님께 연약한 우리를 도우시고(로마서 8:26 참조), 노쇠한 우리를 자애롭게 보살펴 달라고 기도해야 합니다.

하나님은 "구하라 그리하면 너희에게 주실 것이요, 찾으라 그리하면 찾아낼 것이요, 문을 두드리라 그리하면 너희에게 열릴 것이니라"(마태복음 7:7 참조)라고 말씀하시면서 이렇게 행하라고 가르치십니다. 왜냐하면, "천국은 침노를 당하나니 침노하는 자"가 빼앗기 때문입니다(마태복음 11:12 참조).

이러한 정의에서, 이런 단계들의 다양한 특성이 서로 어떻게 연결되어 있으며, 각 특성이 우리 안에 어떻게 영향을 미치는지를 볼 수 있습니다. 마음이 다른 염려에 사로잡히지 않고, 항상 이 사다리 위에 서 있기를 바라는 사람은 복이 있습니다. 그는 모든 소유를 팔아 그토록 바라던 보화가 숨겨져 있는 밭을 샀습니다(마가복음 13:44 참조). 그는 다른 모든 것에서 자유로워지고, 주님이 얼마나 달콤하신지를 보기를 원합니다(시편 33:9, 45:11 참조).

이러한 첫 단계를 수행해 온 사람, 두 번째 단계에 헌신한 사람, 네 번째 단계에서 자신보다 높이 들어 올려진 사람은 온 마음을 다한 이러한 등반으로 점점 더 강해져서 마침내 시온(시편 83:8 참조)에서 하나님을 볼 수 있게 됩니다. 이 최고의 단계에 잠깐이라도 머무는 사람은 복이 있습니다. 진실로 그는 이렇게 말할 수 있습니다.

"이제 나는 진정으로 하나님의 은혜를 경험합니다. 이제 산에서 베드로와 요한과 함께 그분의 영광을 바라보며, 야곱과 함께 사랑스러운 라헬의 품에서 기뻐합니다."

그러나 그런 사람은 관상 중에 하늘로 들어 올려진 후에 격렬하게 깊은 곳으로 뛰어들어, 그토록 큰 은혜를 받은 후에 세상의 악한 쾌락과 육체의 즐거움에 다시 빠지지 않도록 주의해야 합니다.

하지만 인간의 마음의 눈은 참 빛의 광채를 오랫동안 견딜 힘이 없기 때문에, 영혼은 자신이 등정했던 세 단계 중 하나로 합당한 순서를 따라 서서히 내려가야 합니다.

이제 영혼은 시간과 장소에 따른 상황이 암시하는 대로 세 단계 중 하나를 선택하여 그 안에서 쉬어야 합니다. 내가 보기에 영혼이 하나님께 가까울수록, 첫 번째 단계에서 더 높이 올라갑니다. 안타깝게도, 인간의 본성은 약하고 비참합니다.

이처럼 우리는 이성과 성경의 증거에 의하여 복된 삶의 완성이 이 네 단계에 담겨 있고, 영적인 사람은 끊임없이 이 네 단계에 전념해야 한다는 사실을 분명히 보게 됩니다.

하지만 이런 삶의 방식을 고수하는 사람이 있습니까? 그 사람이 누구인지 알려 주십시오. 그러면 우리가 그를 칭송하겠습니다(집회서 31:9). 그것을 원하는 사람은 많지만, 성취하는 사람은 적습니다(로마서 7:18 참조). 우리가 이러한 소수의 사람 중에 속했으면 좋겠습니다!

세 단계를 방해하는 네 가지 장애물

 이러한 세 가지 단계를 방해하는 네 가지 일반적인 장애물이 있습니다.
 불가피한 일들,
 활동적인 삶에 속한 선행(善行),
 인간적인 연약함,
 세속적인 어리석음이 그것입니다.

 첫 번째는 용서를 받을 수 있고,
 두 번째는 참아줄 수 있으며,
 세 번째는 동정심을 불러일으키고,
 네 번째는 책망을 초래합니다.

 세속적으로 어리석은 사람을 책망하십시오. 하나님의 은혜를 전혀 모르고 세상을 사랑해서 목표를 등진 사람이 하나님의 은혜를 알고도 발걸음을 돌이키는 사람보다 더

나을 것이기 때문입니다. 그가 자신의 죄에 대해서 어떤 핑계를 찾을 수 있겠습니까(요한복음 15:22 참조)? 주님께서 그런 사람에게 이렇게 공정하게 말씀하지 않으시겠습니까?

"내가 너를 위하여 행한 것 외에 무엇을 더 행해야 하느냐(이사야 5:4 참조)? 네가 존재하지 않았을 때 내가 너를 지었고, 네가 죄를 범하여 마귀의 종이 되었을 때 내가 너를 구속하였으며, 네가 이 세상의 악한 자들과 동행할 때(시편 11:9 참조) 내가 너를 불러냈다(이사야 43:7-11 참조). 나는 네가 내 앞에서 은혜를 입게 하고, 너와 함께 거하기를 원했는데(요한복음 14:23 참조), 너는 내게 경멸을 주었을 뿐이다. 너는 나의 말뿐 아니라 나 자신을 거부했다(시편 49:7 참조). 그 대신에 너는 욕망을 좇아가기 위하여 내게 등을 돌렸다(집회서 18:30 참조).

나의 하나님, 너무나 선하고 자비로우신 소중한 친구, 지혜로운 조언자, 능하신 지지자시여, 당신을 거부하고 그토록 겸손하고 온유하신 손님을 마음에서 내쫓는 사람이 얼마나 무정하고 무모한 사람입니까! 자신의 창조주 대신에 악하고 해로운 생각을 받아들이고, 바로 전까지 하늘의 기쁨으로 메아리쳤던 마음의 은밀한 장소인 성령의 밀실(密室)을 그토록 빨리 더러운 생각에 열어주어 그것을 돼지우리로 만드는 것이 얼마나 더럽고 파괴적인 거래입니까(마태복음 7:6 참조)?

신랑의 발자국이 여전히 선명하게 보이는 마음을 음란한 욕망이 엄습합니다. 바로 얼마 전에 사람이 할 수 없는 말을 듣던 귀가 너무 빨리 어리석고 비방하는 이야기에 귀를 기울이고, 거룩한 눈물로 새롭게 정화된 눈이 그렇게 속히 세상의 허영에 시선을 돌리며, 감미로운 노래를 간신히 끝마치고, 뜨겁고 간절한 웅변으로 신랑과 신부를 화목하게 하고 연회장에서 신부를 환영하며 받아들이던 사람이 상스럽고 더럽고 비방하는 말을 하는 것이 얼마나 병들고 추악한 일입니까(집회서 2:4 참조)?

주님, 이런 일이 결코 우리에게 일어나지 않게 하소서.
우리가 그렇게 한다고 할지라도, 인간의 나약함 때문에 넘어지더라도, 그로 인해 절대로 낙심하지 않게 하시고, 오직 힘없는 자를 먼지 더미에서 일으켜 주시고, 가난한 자와 궁핍한 자를 수렁에서 건지시는 자비로운 치료자에게 속히 돌아가게 하소서(시편 112:7). 죄인의 죽음을 원치 않으시는 주님은 계속해서 우리를 돌보고 치유해 주실 것입니다(에스겔 33:11, 호세아 6:2 참조).

이제 편지를 마칠 시간입니다. 지금, 이 순간에 관상 중에 주님을 우러러볼 수 없도록 우리를 짓누르는 짐을 가볍게 해주시고, 장차 임할 날에 그것을 완전히 제거하여 주심으로 시온(시편 83:8 참조)에서 하나님을 뵐 때까지, 우리가 힘에 힘을 얻어 이 단계들을 통과하게 해달라고 기도합시다.

하나님의 선택을 받은 사람들은 그곳에서 달콤한 신적 관상을 누리고 있습니다. 한 방울 한 방울 이따금 누리는 것이 아니라 누구도 빼앗아 갈 수 없는 끊임없이 흐르는 기쁨(요한복음 16:22 참조), 변함이 없는 하나님의 평화(시편 4:9 참조)를 끊임없이 누리고 있는 것입니다.

그러니 형제 게르바제여, 위로부터 임하는 은혜로 당신이 이 사다리의 꼭대기에 오를 수 있다면, 이 행복이 당신의 것이 될 때, 저를 기억하고 저를 위해 기도해 주십시오. 그래서, 당신과 하나님 사이의 휘장(출애굽기 26장 참조)이 걷

힐 때, 나도 그분을 뵙고, 내 말을 들으시는 그분이 내게도 "오라"(요한계시록 22:17)고 말씀하시는 소리를 들을 수 있기를 원합니다.

2부

《관상적 삶에 대한 서신》

묵상 1

"고난 당한 것이 내게 유익이라. 이로 인하여 내가 주의 율례들을 배우게 되었나이다"(시편 119:71).

"사람이 젊었을 때에 멍에를 메는 것이 좋으니, 혼자 앉아서 잠잠할 것은 주께서 그것을 메우셨음이라"(예레미야 애가 3:27-28).

하지만 만군의 주 하나님, 당신과 함께 있는 사람이 어떻게 혼자 있을 수 있겠습니까? 하지만 주님은 말씀하십니다.

"내가 혼자 있는 것이 아니요, 나를 보내신 이가 나와 함께 계심이라"(요한복음 8:16).

주 예수님, 이 놀라운 말씀을 설명해 주십시오. 당신은 사람들과 친하게 지내셨던 것처럼 보입니다. 당신은 그들과 함께 먹고 마시며, 무리에게 말씀하셨습니다. 그리고 당신은 홀로 계시지 않으셨다는 사실을 상기시켜 주십니다.

"나를 보내신 이가 나와 함께 하시도다. 나는 그가 기뻐하시는 일을 행하므로 나를 혼자 두지 아니하셨느니라"(요한복음 8:29).

　내가 의미하는 것은 나의 외부에 있는 사람들이 아닙니다. 오히려 내가 의미하는 것은 내 안에 나와 함께 있는 분이십니다. 배신자는 겉으로는 나와 함께 접시에 있는 음식을 집지만, 속으로는 나를 대적하여 원수와 협정을 맺습니다. 겉으로는 내 떡을 먹지만, 속으로는 자신의 돈을 계산하고 있습니다. 겉으로는 내게 입맞춤을 하지만, 속으로는 독을 내뿜고 있는 것입니다(마태복음 26:23, 26:49 참조).

　"나와 함께 아니하는 자는 나를 반대하는 자요, 나와 함께 모으지 아니하는 자는 헤치는 자니라"(마태복음 12:30).

　선하신 나의 예수님, 내가 바라는 것은 아무도 외적으로 나와 함께 하지 않는 것이며, 내적으로 내가 당신의 친구가 되는 것입니다. 주님과 함께 있지 못하고 홀로 있는 "외로운 사람에게 화가 있습니다"(전도서 4:19). 주님이 그들과 함께 계시지 않기 때문에 군중 속에 있으면서도 외로운 사람들이 얼마나 많습니까?

　내가 절대로 혼자 있지 않도록 항상 나와 함께 해 주십시오. 나는 어떤 사람과도 함께 있지 않지만, 혼자가 아닙니다. 나 자신이 군중입니다. 내가 어릴 적부터 마음속에 키운 야수들이 나와 함께 있습니다. 그것들은 마음속에 굴을 만들고, 그것을 너무도 좋아하는 나머지, 내가 외로울 때조차도 나를 떠나지 않습니다. 얼마나 자주 그것들에 저항했는지 모릅니다.

"나의 행악자들이여 나를 떠날지어다. 나는 내 하나님의 계명들을 지키리라"(시편 119:115).

그것은 마치 개구리 떼가 나의 내장 안에서 개굴개굴 우는 것과 같고(시편 104:30 참조), 애굽의 파리 재앙이 나의 눈을 덮는 것과 같습니다(출애굽기 8:21-23 참조).

성경은 그를 혼자 앉아 있게 하라고 말씀합니다. 앉아서 쉬지 않는 한, 그는 혼자 있지 않을 것입니다.

그러므로 주님, 낮아져서 당신의 짐을 지는 것이 좋습니다. 교만한 사람들이 당신의 짐을 짐으로써 온유함을 배웁니다. 당신은 당신의 짐을 지는 사람들에게 이렇게 말씀하십니다.

"나는 마음이 온유하고 겸손하니, 나의 멍에를 메고 내게 배우라"(마태복음 11:19).

교만한 사람들은 가만히 앉아 있을 줄을 모릅니다. 하지만 당신의 보좌는 겸손과 평강입니다. 이제 나는 겸손해지기 전에는 아무도 평강을 누릴 수 없음을 깨닫습니다. 겸손해져서 평강에 이를 수 있다면 얼마나 좋겠습니까? 그러면 그는 혼자 잠잠히 앉아 있을 것입니다.

혼자 있지 않은 사람은 잠잠할 수 없습니다. 그리고 잠잠하지 않은 사람은 주님이 말씀하실 때, 그분의 말씀을 들을 수 없습니다. 성경은 지혜로운 자의 말은 잠잠히 듣는 자에게 막대기와 같다고 말씀하고 있습니다(전도서 12:11). 온 세상이 당신 앞에서 잠잠하게 하소서(마카비 1서 1:3). 그리하여 주 하나님이 내 마음속에서 하시는 말씀을 들을 수 있게 하소서(시편 84:9).

주님은 너무도 부드럽게 말씀하셔서 깊은 침묵 속에서만 그 음성을 들을 수 있습니다(욥기 4:12 참조). 하지만 그 말씀을 듣는 것은 홀로 앉아 있는 자를 자신의 타고난 능력을 완전히 초월하여 들어 올려 줍니다. 이는 자기를 낮추는 자는 높아질 것이기 때문입니다(누가복음 14:11). 혼자 앉아서 듣는 사람은 자신을 초월하여 들어 올려지게 될 것입니다.

하지만 어디로 들어 올려집니까? 이것은 몸이 들어 올려지는 것을 의미합니까? 아닙니다. 그것은 마음을 의미합니다. 마음이 어떻게 자신을 초월할 수 있습니까? 이것은 그가 자신을 잊고, 자신을 사랑하지 않으며, 자신에 대해 아무것도 생각하지 않기 때문에 가능한 일입니다.

그러면 그는 무엇을 생각합니까? 자신 위에 있는 것, 최고의 선이신 하나님을 생각합니다. 그는 하나님을 보고 사랑하면 할수록, 더 자신을 보고 사랑하게 됩니다.

묵상 2

주님, 내 마음이 당신께 말할 수 있도록, 종의 마음에 말씀해 주십시오. 당신을 제외한 모든 사람에게 버림받은 고아에게 말씀해 주십시오.

"외로운 자가 주를 의지하나이다. 주는 벌써부터 고아를 도우시는 이시니이다"(시편 10:14).

주님은 나의 친구와 사랑하는 사람들을 내게서 멀리 떠나가게 하셨지만(시편 88:18), 내게서 당신의 도움을 거두지는 않으실 것입니다(시편 21:20). 나의 형제들이 마치 낯선 사람처럼 나를 멀리 떠났습니다(욥기 19:13). 하지만 주님, 나를 멀리하지 마옵소서(시편 35:22). 주께서 내가 알았던 사람들을 내게서 멀리 떠나가게 하셨습니다. 그들이 나를 가증한 자로 취급하며(시편 88:8), 나를 향하여 입을 벌리고 내 영혼을 저주했습니다(시편 21:14). 이에 대한 책임을 그들에게 돌리지 마십시오. 그들이, 하나님을 섬기는 줄로 생각하기 때문입니다(요한복음 16:2). 그들은 나를 저주할 수 있지만, 주님은 그들과 나를 축복하실 것입니다(시편 109:28). 왜냐하면, 주님은 사람의 마음속 깊은 곳까지 꿰뚫어 보시는 만군의 여호와이시기 때문입니다(예레미야 11:20).

내 생명을 지키시는 주여, 내 사정을 주께 말씀드렸습니다(예레미야 20:12). 주님, 이제 나를 도와줄 사람은 아무도 없습니다(욥기 6:13). 내 곁에는 나를 위로하고 도와줄 사람이 없습니다. 당신의 위안이 내 영혼을 즐겁게 해 줄 수 있도록(시편 94:19), 내 영혼은 위로 받기를 거절하였습니다(시편 77:2). 당신이 나를 이런 위험에서 건져 주시기를 바라며 당신을 바라보고 있었습니다. 하지만 당신이 약속하신 위로의 말씀을 기다리다가 내 눈은 피곤해졌습니다(시편 119:82).

나는 한나가 성전의 문 앞에 서서 통곡하며 슬퍼하던 것을 기억합니다. 그때 남편 엘가나는 그녀가 슬퍼함을 인하여 슬퍼하며 그녀를 위로하려고 애썼습니다.

"한나여, 어찌하여 울며, 어찌하여 먹지 아니하며, 어찌하여 그대의 마음이 슬프뇨? 내가 그대에게 열 아들보다 낫지 아니하뇨"(사무엘상 1:8).

그래도 그녀는 여전히 아무것도 먹지 않고 울었습니다. 그녀를 기쁘게 하는 유일한 떡은 '눈물의 떡'이었기 때문입니다(시편 79:6).

"주님, 내가 사람의 기쁨을 사모하지 아니함을 주께서 아시나이다"라고 말한 사람처럼, 그녀는 주 하나님의 기쁨을 선택하여 인간의 위로를 거부했습니다(시편 76:3). 그래서 그녀는 아무것도 먹지 않고 울었습니다.

"애통하는 자는 복이 있나니, 저희가 위로를 받을 것임이요"(마태복음 5:4).

과부의 뺨에 흐르는 눈물이 주께로 올라가며, 그것을 들으시는 주님은 그녀의 슬픔을 기뻐하지 않으십니다(집회서 35:18-19 참조).

그러므로 입다의 딸처럼(사사기 11장 참조), 나의 메마른 영혼을 위해 내가 할 수 있는 일은 우는 것뿐입니다. 주님, 내 영혼이 메말랐습니다(시편 34:12). 그래서 나는 당신의 법에 따라 저주를 받을까 두렵습니다. 저주받아 불임이 된 여인은 아이를 가질 수 없습니다. 그러한 저주는 두려워해야 마땅합니다. 한나는 이러한 불임 때문에 아무것도 먹지 않고 울었습니다. 하지만 당신은 그녀의 눈물을 굽어보셨고, 그녀는 잉태하여 아들을 낳았습니다. 그리고 당신을 섬기도록 그 아들을 구별하여 당신께 바쳤습니다.

눈물로 흠뻑 젖은 땅은 비옥해서 백 배의 열매를 맺습니다.

주님, 높은 곳에서 비를 내려 주소서.

땅이 이 비를 받아 구원의 열매를 맺게 하소서(시편 104:3).

그래서 주린 자로 배부르게 하고,

잉태하지 못하는 자가 일곱 배의 열매를 맺게 하소서.

이 세대는 여호와를 찾는 자들, 야곱의 하나님의 얼굴을 찾는 자들입니다(시편 24:6). 이 세대가 영원히 복을 받게 하소서.

이 세대를 위하여 과부가 구원을 얻을 것입니다.

주님의 식탁에 둘러앉은 그녀의 자식들은 어린 감람나무 같습니다(시편 128:3).

이처럼 여호와를 경외하는 사람은 복이 있을 것입니다(시편 112:1).

묵상 3

주님, 당신은 부요하시며, 당신의 창고에는 결코 부족함이 없습니다. 오늘 이 가난한 사람에게 당신 자녀들의 상에서 떨어지는 부스러기를 먹여 주십시오(마가복음 7:28). 나는 오늘 먹을 것이 없어 당신의 문 앞에서 부르짖는 당신의 거지입니다.

주님, 나는 너무 연약하여 입을 열어 말을 할 수가 없습니다. "내가 입을 열고 헐떡였나이다"(시편 119:3)라고 말한 사람에게 무슨 힘이 있었겠습니까?

그러므로 주님, 당신을 찬양하는 중에 배부를 수 있도록 내 입술을 열어 주소서(시편 50:17 참조). 당신을 찬양하는 것이 참된 음식입니다. 당신의 성읍 예루살렘은 다른 양식으로 살지 않습니다. 주님이 가장 좋은 떡으로 배를 채워 주시고, 당신의 기쁨의 샘으로 그 갈증을 해소해 주시기 때문입니다(시편 36:8 참조).

이런 찬양이 부족하여 굶주린 사람들은 참으로 불쌍합니다. 그들은 자기 대변 더미 위에 앉아 자기들의 죄의 더러운 물을 마십니다(이사야 36:12 참조). 이는 그들이 이 세상에 속한 것들을 간절히 원하여 육신에 속한 악한 쾌락으로 만족하려 하기 때문입니다. 이런 사람들에게 당신의 땅은 놋과 같고, 당신의 하늘은 철과 같습니다. 삼 년 반 동안 비가 내리지 않은 것(누가복음 4:25 참조)은 그들이 믿음에 있어서나 선행에 있어서나 아무 열매를 맺지 못했기 때문입니다(시편 103:13 참조). 그들의 땅이 놋과 같은 것은 그들의 음성이 시끄러운 꽹과리와 같기 때문입니다(고린도전서 13:1 참조). 그들의 하늘이 철과 같은 것은 그들의 마음이 모질고 완고하기 때문입니다(집회서 3:27).

시편 기자는 그런 사람들에 관해서 이렇게 말했습니다.

"악인에게는 하나님이 이르시되, 네가 어찌하여 내 율례를 전하며 내 언약을 네 입에 두느냐"(시편 50:16).

그런 사람들은 당신을 찬양함으로 살지 않습니다. 그들은 떡과 물이 부족해서가 아니라 당신의 말씀이 부족해서 굶어 죽습니다(마태복음 4:4 참조). 하지만 당신은 기근으로 의로운 사람의 영혼을 멸하기를 원치 않으십니다(다니엘 13:33 참조). 기근이 들었을 때, 당신은 까마귀와 사렙다 과부에게 당신의 종 엘리야에게 먹을 것을 주도록 명하셨습니다(열왕기상 17장 참조). 당신은 당신에게 먹을 것을 드린 사람들을 먹이십니다. 그래서 당신에게 먹을 것을 드린 과부의 뒤주에 밀가루가 떨어지지 않고 병의 기름도 다하지 않게 하셨습니다(열왕기상 17:16). 까마귀와 과부가 당신에게 먹을 것을 드렸습니다. 과부는 밀전병으로, 까마귀는 저녁에 가지고 온 고기로 당신을 대접했습니다.

까마귀는 죄인을 상징합니다. 뽕나무에 걸터앉았던 세리 삭개오는 까마귀입니다(누가복음 19:2-10 참조). "내가 오늘 네 집에 유하여야 하겠다"(누가복음 19:5)라고 말씀합니다. 따라서 오늘 까마귀가 엘리야에게 먹을 것을 가져다줍니다. 어떻게 그럴 수 있습니까?

"보시옵소서, 내 소유의 절반을 가난한 자들에게 주겠사오며"(누가복음 19:8).

그래서 그는 그리스도에게 먹을 것을 드렸으며, 그리스도와 함께 가난한 사람들에게 먹을 것을 주었습니다. 또는 오히려 가난한 사람들에게 그리스도를 먹게 하였습니다. 무엇을 대접했습니까? 육신에 속한 것, 즉 이 세상에 속한 것입니다. 육신과 세상에 속한 것들을 포기하는 것이 그리스도를 먹게 하는 것입니다. 그래서 그는 이런 일을 저녁, 해 질 무렵에 행했습니다. 이것은 "저녁이 되고 아침이 되니, 이는 첫째 날이니라"(창세기 1:5)라는 말씀과 일맥상통하는 것입니다.

먼저 까마귀가 음식을 가지고 오고, 그 다음으로 과부가 음식을 가지고 왔습니다. 왜냐하면, 까마귀가 과부가 되고, 까마귀가 비둘기로 변하여 신음하기 때문입니다. 그 이유가 무엇입니까? 신랑이 죽어 그녀가 과부가 되었기 때문입니다. 그녀의 죄, 즉 그녀의 검음을 정결하게 해주는 신랑이 이제 죽었으므로, 그녀는 기억에서 두 개의 나뭇가지를 줍습니다. 자신과 자신의 아들, 즉 그녀의 영혼을 위해 마지막으로 적은 양의 음식을 만들어 먹고 신랑과 함께 죽으려는 것입니다(열왕기상 17:12 참조).

하지만 그녀는 우선 엘리야에게 적은 양의 떡을 대접해야 합니다(고린도전서 5:7 참조). 이 작은 양의 떡은 숯불로 구워야만 합니다. 그리스도는 우리 행위의 첫 열매를 요구하십니다. 그분은 우리에게 좋은 음식을 맛볼 것이 아니라 "바리새인의 누룩", 즉 외식(누가복음 12:1, 마태복음 16:6 참조)을 피하고 소찬에 만족할 것을 요구하십니다(욥기 1:1 참조). 이처럼 단순하고 겸손한 마음은 그리스도께서 우리에게 요구하시는 숯불에 구운 적은 양의 떡입니다.

선한 주부 역시 적은 양의 기름이 없어서는 안 됩니다. 하나님은 즐겨 내는 자를 사랑하시기 때문입니다(고린도후서 9:7). 하지만 그녀는 의에 주리고 목마르기 때문에(마태복음 5:6), 그녀가 보유한 밀가루와 기름은 적은 것처럼 보입니다. 주님의 종은 "저에게는 뒤주에 있는 한 줌의 밀가루와 병에 든 약간의 기름 외에는 가진 것이 없습니다"라고 말합니다(열왕기상 17:12). 한 줌에는 매우 적은 양을 담을 수 있습니다. 밀가루는 질이 좋고 순수한 밝은 믿음입니다. 병은 교만의 바람이 그러한 영광을 먼지로 만들어 흩어버리지 않도록 겸손하고 신중하게 깨어 지키는 것입니다(시편 7:6).

주님, 이처럼 까마귀와 과부는 시돈 땅 사렙다에서 당신을 대접했습니다. 저주받은 무화과 나무는 유대인들의 땅에서 시들어 마르기 때문입니다. 따라서 세리와 창기들이 바리새인들에 앞서 하늘나라에 들어가게 될 것입니다(마가복음 11:12-14, 19-22 참조). 당신은 바리새인들의 집에서 문가에 앉으셨습니다. 하지만 당신은 죄인인 여자의 집에서, 영광스러운 자리에 앉으셨습니다.

주님, 이 까마귀 새끼, 즉 당신을 향해 탄식하는 이 죄인들의 아들을 먹여 주십시오. "내 부모는 나를 버렸지만"(시편 26:10, 33:23 참조), 당신은 당신께 소망을 두는 자들을 결코 버리지 않으실 것입니다.

묵상 4

"여호와여 어찌하여 우리로 주의 길에서 떠나게 하시며, 우리의 마음을 완고하게 하사 주를 경외하지 않게 하시나이까"(이사야 63:17).

"주께서 구름으로 자신을 가리사 기도가 상달되지 못하게 하시고"(예레미야 애가 3:44).

"주님, 약속하신 대로 우리 육신에서 굳은 마음을 제하시고, 부드러운 마음을 주십시오"(에스겔 36:26).

당신의 영이 우리에게 임하실 때, 지혜의 근본인 여호와를 경외함을 우리의 기초이자 토대로 놓으실 것입니다(시편 111:10). 경외함은 마음을 한결같이 만들기 때문에, 당신의 영광스러운 일곱 가지 은사(성령의 일곱 가지 은사-역자주)로 지어진 집이 그 위에 견고하게 서 있을 수 있게 합니다.

주님, 당신이 아시듯이 내 마음은 먼지와 바다의 모래처럼 불안하고 불안정합니다. 내가 세우려고 애를 쓰는 모든 것은 내 머리 주위의 폐허 안에 쌓는 것처럼 보입니다.

"예루살렘이 크게 범죄함으로 조소거리가 되었으니, 전에 그에게 영광을 돌리던 모든 사람이 그의 벗었음을 보고 업신여김이여, 그는 탄식하며 물러가는도다"(예레미야 애가 1:8).

이 말씀은 나의 분별없는 영혼의 어리석음을 너무나 잘 묘사합니다! 내가 무엇을 할 수 있겠습니까?

당신은 길을 가다 마주치는 모든 사람을 쫓아 달려가기를 그치고, 당신의 참 남편에게로 돌아가십시오. 이것이 당신이 길을 바꾸어 부지런히 돌아다닌 이유입니다(예레미야 2:36). 예루살렘은 죄를 범하고, 거리를 돌아다니는 자가 되었습니다. 그러므로, 당신의 참 남편에게로 돌아가, 그분에게 "내 육체가 주를 두려워함으로 떨며"(시편 119:120)라고 말하십시오. 그러면 그분은 "네 혀를 악에서 금하며"(시편 34:13), 탐욕을 다스리고, 음란을 죽이고, 네 육신의 모든 금지된 흔들림의 근원을 잠잠케 하라"고 말씀하실 것입니다.

"그리스도 예수의 사람들은 육체와 함께 그 정욕과 탐심을 십자가에 못 박았"습니다(갈라디아서 5:24). 하지만 이것으로는 충분하지 못합니다. 이교도들도 이렇게 했으며, 헛된 명성을 구하는 사람들과 위선자들도 그렇게 합니다. 그들은 자기 육체를 십자가에 못 박지만, 그리스도에게서 아무런 상급도 받지 못합니다.

이것은 그들이 하나님을 경외하지 않기 때문입니다. 내 육체를 주님께 대한 경외로 훈계해 주십시오. 많은 사람이 주님을 경외해서가 아니라 허영심에서 자기들의 육체를 십자가에 못 박습니다. 그렇다면, 그것만으로는 충분하지 않습니다. 주님을 경외함으로 육신의 음란뿐 아니라 영혼의 음란도 훈계 받게 해 주십시오.

"음녀같이 주를 떠난 자를 주께서 다 멸하셨습니다"(시편 73:27).

멸망의 원인이 육신의 부정함이든 아니면 영혼의 음탕함이든 무슨 상관이 있겠습니까?

우리는 십자가를 져야 합니다. 그 십자가가 우리의 육신뿐 아니라 영혼도 못 박을 것입니다. 육신의 십자가는 우리의 몸의 고행입니다. 영혼의 십자가는 하나님을 경외하는 것입니다. 하나님에 대한 경외가 영혼을 훈계하므로, 영혼은 좌로나 우로나 치우치지 않게 됩니다(여호수아 1:7 참조).

세 번째로 영의 십자가가 있습니다.

그것은 사랑입니다. 사도는 이렇게 말합니다.

"내가 그리스도와 함께 십자가에 못 박혔나니"(갈라디아 2:19).

"누가 우리를 그리스도의 사랑에서 끊으리요"(로마서 8:35).

이런 이유로 복된 안드레는 자기 십자가에서 내려오려 하지 않았습니다. 이 십자가는 우리에게 부드럽고 연한 마음을 주는 사랑입니다. 따라서 우리는 가장 온유한 희생자이신, 그리스도를 보게 됩니다(창세기 18:7 참조). 그리스도는 그분의 위대한 사랑 때문에 십자가에 달리셨습니다. 그러므로, 누구든지 이 세 번째 십자가를 획득하는 사람은 자신과 하나님 사이의 구름을 통과하게 되며, 그분의 임재 가운데 기도를 쏟아 놓게 됩니다. 그래서 엿새 동안 구름이 시내 산 위에 있는 모세를 가렸습니다(예레미야 애가 3:44).

하지만 일곱째 날에 여호와께서 어두운 구름 속으로부터 모세를 부르셨습니다. 여호와의 영광이 이스라엘 백성이 보는 중에 타오르는 불처럼 산꼭대기에 나타났습니다. 그러자 모세는 구름 안으로 들어가서 산꼭대기까지 올라갔습니다(출애굽기 24:15-18).

모세가 구름에 덮인 채로 엿새 동안 있었다는 사실을 그가 지혜를 얻는데 사용 된 여섯 가지 덕을 제외하고 어떻게 이해해야 합니까? 이러한 지혜의 일곱 번째 단계 아래 있는 모든 것들은 어두움과 구름으로 간주되어야 합니다.

그러므로, 첫 번째 십자가로 하여금 두려움과 존경과 지식을 통해 육신을 십자가에 못 박게 하십시오. 그러면 두려움이 음란을 꾸짖고, 존경이 교만을 꾸짖으며, 지식이 지나침을 꾸짖을 것입니다.

두 번째 십자가로 하여금 영혼을 위하여 용기와 조언과 이해를 얻게 하십시오. 그러면 용기로 마귀를 두렵게 만들고, 조언으로 이웃을 인도하며, 이해로 자신을 인도하게 될 것입니다.

세 번째 십자가는 이 모든 것을 초월하여, 사랑의 일치 안에서 함께 모여 평안히 누워 잘 수 있게 될 것입니다(시편 4:8 참조).

묵상 5

주님,

태초에 주님은 하늘과 땅의 기초를 놓으셨습니다(창세기 1:1 참조). 즉, 천사들과 인간을 창조하셨습니다. 하지만 성경은 하늘과 천사들에 대해서는 이렇게 간단히 언급한 후에, 인간만을 언급합니다. 성경은 "땅이 혼돈하고 공허하며 흑암이 깊음 위에 있고"(창세기 1:2)라고 말씀합니다.

주님,

우리는 세상의 위대하고 놀라운 구조를 봅니다. 세상은 우리의 모든 감각에 영향을 미칩니다. 세상은 그 아름다움과 이해를 초월하는 광대함, 영원하신 주님의 엄청난 지혜와 권능과 선하심을 끊임없이 말해줍니다. 우리 인간의 모든 감각과 표현으로는 세상을 이해할 수 없지만, 세상의 목적은 당신의 말씀대로 우리의 관심을 당신이 지금도 창조하고 계시는 새 하늘과 새 땅으로 돌리게 하는 데 있습니다(이사야 65:17, 66:22, 베드로후서 3:13 참조).

주님은 복음서에서 "내 아버지께서 이제까지 일하시니, 나도 일한다"(요한복음 15:7)라고 말씀하십니다. 이 일이 새 하늘과 새 땅이 아니고 무엇이겠습니까? 주님은 심연(深淵)으로 땅을 만드시고, 땅으로 하늘을 만드십니다(창세기 1:6-10 참조). 심연은 죄인입니다. 하지만 죄인이 어둠의 일을 벗고 빛의 갑옷을 입게 하시려고 어두운 데에 빛을 비추실 때(고린도후서 4:6), 새 하늘과 새 땅을 창조하셨음을 보여주십니다.

주님,

내 정신은 지금까지 황폐하고 공허한 땅이라는 사실을 깨닫습니다. 그것은 심연의 표면을 덮고 있는 어둠입니다. 그것은 불안한 수면 위에 떠돌아다니기 때문에 황폐합니다. 그것은 어리석음과 환상으로 황폐해지고, 선행의 열매가 없습니다. 또는 다른 번역본에 있는 것처럼, 내 정신은 보이지 않고 형태도 없습니다. 만일 그 정신이 만물의 창조주로 인해 경이롭게 형성된 사실을 믿지 않고, 사후에 당연한 응보(應報)로 인해 지옥에 가거나 창조주의 자비로 인해 천국에 갈 운명이라는 사실을 믿지 않는 한, 그것은 혼란에 빠져 자신의 시작이나 끝, 또는 고유한 본성을 알지 못하는 끔찍하게 뒤얽힌 혼돈과 같습니다.

내 정신은 은혜로운 덕과 자신을 지으신 분의 모양 안에 있는 영광스러운 신적 형상(창세기 1:26 참조)에 합치하지 않기 때문에 형태가 없습니다. 따라서, 그것은 볼 수 없는 심연에 감춰지며, 창조주의 얼굴은 그 어두운 환상 안에 숨겨집니다.

나의 하나님,

이것이 내 영혼의 상태입니다. 내 영혼은 황무하고 공허한 땅이며, 보이지 않고 형태가 없습니다. 그리고 심연의 표면에 어둠이 덮여 있습니다. 그러나 이 심연도 소리를 지릅니다(하박국 3:10). 깊고 어두운 이런 심연은 훨씬 더 높이 있는 심연을 부릅니다. 나의 정신의 심연은 모든 지각을 초월하시는 주님께 부르짖으며(빌립보서 4:7 참조), 내게도 새 하늘과 새 땅을 창조해달라고 요청합니다.

다윗이 이렇게 요청했으며, 우리도 그와 함께 요청합니다.

"하나님이여, 내 속에 정한 마음을 창조하시고, 내 안에 정직한 영을 새롭게 하소서"(시편 51:10).

다윗은 자신이 이미 창조된 줄을 알았지만, 이제 새롭게 창조되기를 요청했습니다.

"주께서 우리 조상들의 날, 곧 옛날에 행하신 일을 그들이 우리에게 일러 주매, 우리가 우리 귀로 들었나이다"(시편 44:1).

이런 일 때문에 주님은 "내 아버지께서 이제까지 일하시니, 나도 일한다"(요한복음 5:17)라고 말씀하십니다. 주님은 "그들 모두의 마음을 지으시며, 그들이 하는 일을 굽어살피시며"(시편 33:15), 그들 안에 빛을 창조하시고 빛과 어둠을 나누사 빛을 낮이라 칭하시고 어두움을 밤이라 칭하셨습니다(창세기 1:3-5 참조).

이것이 주님께서 그들의 시대에 행하신 일입니다. 족장 아브라함과 그 밖의 많은 사람은 바울이 "너희가 전에는 어둠이더니, 이제는 주 안에서 빛이라"(에베소서 5:8)라고 말한 것처럼, 이러한 날들이 자기들에게 충만했다는 사실을 인정했습니다.

지극히 놀라우신 창조주시여, 예전에 행하신 이런 일을 지금도 행하신다면, 어찌하여 황무하고 공허하며, 심연의 표면에 어둠이 깔려 있는 내 영혼 안에서 이런 일을 행하지 않으시는 것입니까? "빛이 있으라"(창세기 1:3)고 말씀하시면, 빛이 있을 것입니다.

이것이 주께서 나사로와 바울에게 행하신 일입니다. 나사로의 얼굴은 수건으로 싸여 있었습니다(요한복음 11:44). 심연의 표면에 어둠이 있었기 때문입니다. 그러나 바울이 세례를 받을 때, 이 어둠이 그의 눈에서 비늘같이 벗겨져서, 그는 주의 영광을 볼 수 있었습니다(사도행전 9:18 참조). 주님의 고통 중에 잠이 들었던 사도들의 마음처럼, 내 마음의 눈도 이런 비늘로 덮여 있어서 주님이 부르실 때 깨어날 수가 없습니다.

"이는 그들의 눈이 피곤함일러라"(마태복음 26:43).

주님,

이제 우리가 자다가 깰 때가 벌써 되었습니다(로마서 13:11). 주님의 나팔 소리가 계속해서 울려 퍼집니다.

잠자는 자들이여, 일어나십시오. 죽은 자들 가운데서 일어나십시오. 그리하면 그리스도께서 그대들에게 빛을 비취주실 것입니다(에베소서 5:14).

　주님, 나의 어둠을 밝혀 주십시오.

　내 영혼에게 말씀해 주십시오.

　"하나님이 가라사대 빛이 있으라 하시매 빛이 있었고(창세기 1:3)."

묵상 6

　궁창 아래의 물과 궁창 위의 물이 나뉘어서(창세기 1:7 참조), 깊은 땅으로 물이 흘러내려 북풍에 얼어붙었습니다. 북쪽에서 가장 매서운 바람이 불어와 얼어붙은 물은 깨끗하게 다시 흐를 수 있도록, 그 근원으로 흘러 돌아갈 수가 없었습니다.

　북풍이여, 일어나 내게서 멀리 날아가라.

　안개와 우박과 광풍의 영(시편 148:8)과 함께 떠나가라.

　너 때문에 부드러운 남풍이 지체한다.

　"북풍아 일어나라, 남풍아 오라"(아가서 4:16).

　정오의 햇빛에서 임하여 내 영혼의 얼음을 녹여, 다시

일어나 그 근원으로 달려가게 하라. 지금 내 영혼은 더러운 호수로 흘러내려가 진창같이 되었다.

"이전에는 붉은 옷을 입고 자라난 영혼이 이제는 거름더미를 안았도다"(예레미야 애가 4:5).

남풍이여, 불어와 너의 따뜻한 입김으로 나를 들어 올려다오.

태초부터 주님은 하늘 위의 물 위로 움직이시며, 놀라운 능력으로 그 물을 담아두심으로 그 물이 흘러가서 당신의 집에 쓸모없는 것들과 섞이지 않게 하셨습니다.

당신의 부드러운 음성에 불과한 천둥의 울림에 내 구름이 흩어지게 하지 마십시오. 내 영혼은 "차라리 숨이 막히는 것과 죽는 것을 택"(욥기 7:15)했기 때문입니다.

우리를 궁창 아래에 있는 낮은 물 위로 들어 올려 주십시오. 우리가 지극히 높으신 하나님을 찬양하는 소리를 들을 수 있고, 시편에서 "여호와의 소리가 물 위에 있도다. 영광의 하나님이 우렛소리를 내시니, 여호와는 많은 물 위에 계시도다"(시편 28:3)라고 노래하는 의미를 이해할 수 있는 곳으로 데려가 주십시오.

주님의 천둥소리에 우리의 물이 진동하여 안개가 되고,

주님의 열로 증류되게 하소서. 지독한 악취를 풍기는 똥에서 그것을 끌어내어 순결하게 보존해 주소서. 그리고 우리에게 흔적을 남긴 주님의 얼굴의 빛(시편 4:6)이 우리 안에서 분명히 보이게 해주십시오.

주님, 하늘 위의 물은 영원한 열로 인해 단단해져서 오래가는 수정이 되었습니다. 그래서 그것은 흘러내릴 수 없지만, 지고한 태양의 화살에 맞을 때 서로에게 불의 섬광을 발합니다.

'거룩하다, 거룩하다, 거룩하다, 만군의 여호와여'(이사야 6:3).

주님의 음성이 이러한 말할 수 없는 노래를 그들에게 가르쳐서 따라 부르게 했습니다. 그 소리에 생물들(에스겔 1:19)과 그것들과 함께 움직이는 바퀴들(에스겔 1:15)이 움직입니다.

"회오리바람 중에 주의 우렛소리가 있으며, 번개가 세계를 비추며 땅이 흔들리고 움직였나이다"(시편 77:18).

"주의 길이 바다에 있었고, 주의 곧은 길이 큰물에 있었"(시편 76:20)기 때문에, 땅이 진동하고, 산들의 터도 요동하였습니다(시편 18:8).

내 영혼아, 너의 근원으로 돌아가라.

"내가 어느 때에 나아가서 하나님의 얼굴을 뵈올까"(시편 42:2)라는 말씀을 끊임없이 상기하며, 네 눈물이 주야로 네 음식이 되게 하며(시편 42:3), "너무 많은 근심에 잠길까 두려워하라"(고린도후서 2:7).

생명의 샘이신 하나님을 갈망하라.

다음과 같은 말씀으로 때때로 위로를 받으라.

"내 영혼아 네가 어찌하여 낙심하며, 어찌하여 내 속에서 불안해하는가? 너는 하나님께 소망을 두라. 그가 나타나 도우심으로 말미암아 내 하나님을 여전히 찬송하리로다"(시편 42:11, 43:5).

묵상 7

아브라함의 주 하나님, 오늘 서둘러 나에게 오십시오. 간청하오니, 비참한 죄인인 내게 자비를 베풀어 주십시오. "청하건대, 너는 물동이를 기울여 나로 마시게 하라"라는 말을 듣고서, "내가 당신의 낙타에게도 마시게 하리라"라고 대답한 처녀는 나의 주 하나님이 자기 아들을 위해 예비하신 사람입니다(창세기 24:14).

보십시오, 리브가가 나아 왔는데, 그녀는 "매우 아리땁고 지금까지 남자를 가까이하지 않은 처녀"(창세기 24:16)였습니다. 천사들조차 살펴보기를 원하는(베드로전서 1:12) 아름다운 처녀 중의 처녀, 나의 여인이시여, 나를 돌아보십시오. 수고하고 혀가 바짝 마른 나를 보시고, 당신의 물동이에 있는 물 한 방울만이라도 손가락에 찍어 먹여 주십시오.

성모여, 당신이 위대하신 아버지의 신실한 종을 측량할 수 없을 만큼 사랑하신다는 사실을 압니다. 당신이 구하는 사람뿐만 아니라 그의 낙타에게도 당신의 자비의 물을 마시게 하셨기 때문입니다. 성모여, 당신이 진실로 아름다운 그 처녀이십니다. 당신은 가장 사악한 피조물, 마음을 유혹하는 자, 당신의 마음을 빛으로 가득 채우신 성령을 무서워하여 당신에게서 도망치곤 하는 남자를 가까이하지 않은 처녀이십니다.

당신은 어여쁘고 아무 흠이 없으십니다(아가서 4:7 참조). 가장 아름다운 얼굴, 가장 완벽한 몸, 가장 거룩한 영혼을 소유하신 당신에게서 가장 두드러지는 것은 당신이 궁핍한 사람들을 도울 준비가 되어 있으시다는 사실입니다. 당신은 가장 깊은 자비의 우물에서 처음으로 물을 길으셨으며, 당신의 강한 이해의 어깨에 은혜로 충만한 물동이를 메셨습니다.

하지만 성모여, 당신을 예표한 그 처녀는 어떤 행동을 했습니까? "급히 그 물동이를 손에 내려 마시게 하고, 마시게 하기를 다하고 이르되, 당신의 낙타를 위하여서도 물을 길어 그것들도 배불리 마시게 하리이다"(창세기 24:18-19)라고 말했습니다.

당신은 낙타, 즉 혹이 달리고 비틀리고 뒤틀린 죄인인 나에게 당신의 가장 복된 물동이에서 물을 주십니다. 참으로 당신은 불행에 빠진 우리를 우리가 구하거나 바라거나 생각할 수 있는 것보다 더 가여워하십니다. 우리보다 무한히 높으신 당신은 어깨에서 팔까지 당신의 물동이를 내리십니다. 당신은 너무도 겸손하고 유순하십니다. 그리고 당신이 아버지의 집에서 길들이고, 씻고, 물을 주고 먹여서 안정을 취하게 하실 수많은 낙타가 떼를 지어 당신에게 나아올 것입니다(이사야 60:6).

오, 당신의 순결 가운데 지극히 사랑스러운 동정녀시여, 청컨대 나에게 물을 주시고, 오늘 밤 당신의 집에 나를 위해 묵을 수 있는 방을 마련해 주십시오. 당신이 유숙할 곳이 있다고 말씀하셨기 때문입니다(창세기 24:25 참조). 이 땅은 죽을 운명의 인간이 살기에는 너무 작습니다. 그래서 사람들은 이렇게 다툽니다. '이것은 내 땅이다', '이것은 내 시내이다', '이것은 내 숲이다.' 하지만 당신의 영역에는 우리가 머물 수 있는 공간이 충분합니다.

나는 버림을 받아 짐승과 새에게 먹히게 된 사람입니다(에스겔 39:4 참조). 나의 고난과 슬픔을 돌보시는 당신 외에는 내게 소중한 사람 중에 나를 위로해 줄 사람이 없습니다. 자비의 어머니시여, 나를 당신의 아버지의 집으로 데려가셔서, 밖에 서서 서리와 추위로 떨고, 밤의 공포로 고통 받지 않게 해 주십시오. 나를 안으로 인도하여 내 발을 씻겨 주십시오. 그래서 날이 밝아 어둠이 사라질 때까지 내가 당신의 낙타들과 함께 누울 수 있게 해 주십시오(잠언 7:18, 아가 2:17, 4:6, 베드로후서 1:19). 그리고 나를 당신의 신랑 이삭에게로 인도해 주십시오. 그는 주야로 풀밭에서 묵상하며(창세기 24:63 참조), 당신이 양 떼와 향품을 실은 낙타들(창세기 37:25, 열왕기상 10:2 참조)을 데리고 돌아오기를 기다립니다.

진실로 당신은 주님께서 어머니요 아내요 누이가 되도록 내 주인의 아들을 위해 예비하신 분이십니다. 당신은 모든 여인 중에서 택함을 입으신 분이시고, 은혜가 충만한 분이시며, 태초부터 주께서 함께하신 분이십니다(누가복음 1:28). 주 하나님 아버지께서 아들이신 주 하나님을 위하여 당신을 예비하셨습니다. 이것은 당신이 이 낙타를 타실 때, 우리가 당신 앞에 무릎을 꿇게 하기 위해서입니다. 당신의 아들이신 그분이 "일어나사 지팡이를 치는 것 같이 그의 말씀으로 땅을 치실 때에", 우리를 받아 주시고 우리에게 자비를 베푸시게 해 주십시오(이사야 11:4).

묵상 8

주님, 우리 조상 야곱의 후사들에게 약속하신 대로 모든 생물을 복으로 충만케 하시고(시편 144:16 참조), 하늘의 이슬과 땅의 기름짐(시편 4:8, 창세기 27:28)이라는 영적인 복을 주시며, 풍성한 밀가루와 포도주와 기름으로 우리를 먹여 주십시오. 밀가루는 당신의 육신이고, 포도주는 당신의 피이며, 기름은 성령이십니다. 이것은 하늘에서 이슬처럼 내려온 복이고, 아담의 행위로 한때 저주받은 땅을 풍요롭게 한 복입니다(창세기 3:7 참조).

하지만 아담은 이 밀의 씨를 땅에 뿌리지 않았습니다. 하늘에서 내리는 이 이슬은 "벤 풀에 내리는 비같이, 땅을 적시는 소낙비같이"(시편 72:6) 백성에게 떨어졌습니다.

   은혜가 충만하신 성모여, 당신의 풍요로운 자궁을 통해 땅의 모든 족속이 복을 받습니다. 높은 하늘에서 내리는 비처럼 은혜가 당신에게 내려왔으며, 우리의 땅 위에 돌출해 있는 고귀한 집의 처마에서처럼 당신에게서 은혜의 소나기가 부드럽게 내립니다.

   백향목 판(열왕기상 6:18)으로 튼튼하게 지어진 전망 좋은 '상아궁'(열왕기상 22:39)이여, 당신 안에 얼마나 많은 보화가 들어 있습니까! 참으로 당신은 솔로몬의 상아로 된 큰 보좌이며, 어느 나라에서도 볼 수 없는 솜씨로 만들어졌습니다. 당신은 가장 순수한 지혜의 순금으로 장식되었으며, 솔로몬의 보좌(열왕기상 10:18-20, 역대하 9:17-19)처럼 흠 없이 순결하게 단장되었습니다.

   당신은 활동적인 삶의 여섯 계단에 올라섰고, 관상이라는 고요한 일곱 번째 계단에 평강의 왕을 즉위시켰습니다. 계단 양쪽에는 열두 마리의 새끼 사자가 서 있습니다(열왕기상 10:20). 신약과 구약 성경의 위대한 아버지들인 선지자들과 사도들은 당신의 공로에 힘입어 어린아이들처럼 당신이 올라간 높은 곳을 경이롭게 바라보고 있습니다.

   그들은 이렇게 말합니다.

"아침 빛같이 뚜렷하고, 달 같이 아름답고, 해 같이 맑고, 깃발을 세운 군대 같이 당당한 여자가 누구인가"(아가서 6:10).

더욱이 앉는 자리 양쪽에 팔걸이가 있고, 하나님은 왼팔로 당신의 머리를 받치시고 오른팔은 당신을 안으십니다(아가서 2:6). 팔걸이 양 옆에는 사자가 서 있습니다(역대하 9:8). 대 천사 가브리엘은 오른편에, 복음서 기자 요한은 왼편에 있습니다. 가브리엘은 "하나님의 능력"이라고 합당하게 불리며, 요한은 사자 같은 음성 때문에 "우뢰의 아들"(마가복음 3:17)이라고 불립니다.

오, 위대하고, 경이롭고, 비할 데가 없는 지극히 지혜로운 왕의 솜씨여! 여인이여, 이 지상의 보좌가 당신을 경외하는 눈으로 바라보는 사자들과 그 새끼들에게 둘러싸여 있는 것은 당연한 일입니다. 온 하늘이 하나님의 손으로 하신 모든 일의 완성인 당신을 바라보고 기이히 여깁니다.

은혜가 충만한 분이시여, 당신이 가슴에 품고 있는 것이 무엇입니까?" 그것은 주님입니다(요한복음 21:7 참조). 당신은 "나는 주의 여종입니다. 능하신 이가 큰일을 내게 행하셨습니다"(누가복음 1:48)라고 말합니다.

내가 위대하기 때문에 당신은 놀랄 수도 있습니다. 하지만 나를 위대하게 만드신 분은 능하신 분이십니다. 그분은 주님이시요, 나는 그분의 여종입니다. 그분은 이슬이시요, 나는 밀이 자라는 땅입니다. 그분은 만나시요, 나는 벌레로 만든 진홍색 물감이 담긴 그릇입니다(출애굽기 16:20, 레위기 14:4-5, 14: 49-52 참조). 나는 벌레요, 사람이 아닙니다(시편 21:7). 인간은 풀과 같지만(시편 107:25), 이 사람은 밀이었습니다. 이 밀은 하늘의 이슬을 먹고 처녀지(處女地)에서 자랐습니다. 땅과 이슬이 위대하지만, 그것들을 지으신 분은 능하십니다. 한 알의 밀이 나에게서 났습니다. 그 밀의 풍부함에 대하여, 주님이 이렇게 말씀하십니다.

"한 알의 밀이 땅에 떨어져 죽지 아니하면 한 알 그대로 있고, 죽으면 많은 열매를 맺느니라"(요한복음 12:24).

그것은 죽으면서 풍부한 포도주를 제공했으며, 부활하고 승천했습니다. 그것이 사도가 "그 성령을 풍성히 부어 주사"(디도서 3:6)라고 언급한 기름을 쏟아냈습니다(아가서 1:2). 이것이 하늘의 이슬과 땅의 부요함에서 나오는 풍성한 밀과 포도주와 기름입니다.

오, 은혜가 충만한 땅의 풍성함이여. 죽은 동물의 시체에서 제사에 합당한 고기가 분리되듯이, 은혜가 충만하고 밀과 포도주가 충만하고 성령의 모든 은사가 흘러넘치는 당신은 악한 인류에게서 분리됩니다.

주님이 당신과 함께 하십니다(누가복음 1:28).

주님은 당신의 마음의 내실에 당신과 함께 계시고, 당신의 자궁이라는 신방에서 당신과 함께 계시며, 당신과 함께 거하시면서 절대로 당신을 떠나지 않으실 것입니다.

하지만 '함께 하시다'는 의미가 무엇입니까? 그것은 주님이 천사들보다 높이 들려져야 할 본성에 있어서 당신과 하나이시라는 사실을 의미합니다. 하나님은 당신의 천사들 안에 거하시지만, 그들과 함께 계시지는 않습니다. 하나님은 당신 안에, 그리고 당신과 함께 거하십니다. 하나님은 천사들 위에, 그룹들(시편 98:1)과 스랍들(다니엘 3:55) 위에 앉으십니다. 그분은 좌정하사 이 모든 천사 중에 다스리시지만, 천하만국에 그분의 상아 보좌 같은 것은 없습니다(열왕기상 10:26).

당신은 여인들 중에서 복이 있습니다(누가복음 1:48). 당신이 보유하신 충만한 은혜가 흘러넘쳐서 땅을 적시고(이사야 55:10 참조), 소나기로 그 열매를 풍성하게 합니다(시편 64:11). 모든 세대가 당신을 복되다 할 것입니다(누가복음 1:48). 당신은 여인들 중에서 복이 있습니다. 남자보다 더 복이 있다는 것은 가련한 것입니다. 왜냐하면, 여인들은 고통을 겪으면서 자식을 낳고(창세기 3:16), 남성들은 얼굴에 땀이 흘러야 먹을 것을 먹기 때문입니다(창세기 3:19). 당신은 고통 없이 자식을 낳고, 수고 없이 먹을 것을 먹습니다. 하지만 여전히 당신이 천사들보다 더 많은 복을 받는 것으로는 충분하지 않습니다. 왜냐하면, 하나님이 천사들을 먹이시지만, 그들이 하나님을 먹이지는 않기 때문입니다.

그러나 복 있는 자여, 당신은 당신과 천사들을 먹이시는 분을 먹입니다. 당신의 태중의 아이가 복이 있으며(누가복음 1:42), 그분 안에서 여자들과 남자들과 천사들이 복이 있습니다. 그분의 딸들 중 많은 사람이 부를 축적했지만, 당신은 그들 모두보다 뛰어나셨기 때문에, 그들 모두보다 더 복이 있습니다(잠언 31:29). 하나님이 당신의 모든 동료보다 당신의 태의 열매에 기쁨의 기름을 부으셨기 때문입니다. 우리가 모두 그분의 충만한 은혜를 값없이 받았지만(요한복음 1:16), 당신은 우리 모두보다 더 많은 은혜를 받았기 때문입니다.

당신은 천사의 이상하고 놀랍고 명예로운 인사를 깊이 숙고했습니다(누가복음 1:29). 그 모든 의미를 알아내기에 충분한 이해력이 없었기 때문입니다. 그것은 낙원에서 당신에게 내려보내진 것이었습니다. 우리의 땅은 절대로 그런 열매를 맺을 수 없기 때문입니다.

  그 열매의 본질을 숙고하고, 그 향기를 들이마시고, 그 달콤함을 맛보십시오. 이 열매는 생명나무에서 따온 것입니다. 이것을 먹으면 영원히 살 것입니다(창세기 2:9, 2:16-17, 3:22). 사람이 영원히 살기 위해 먹어야 할 열매를 맺은 이는 바로 당신이십니다(요한복음 11:26). 누가 그것을 당신에게 권했는지 보십시오. 뱀이 아니라, 천사입니다. 추하고 꿈틀거리는 뱀이 아니라, 올바르고 아름다운 가브리엘입니다. 가브리엘은 "은혜를 받은 자여, 평안할지어다"라고 말했습니다. 즐거운 낙원, 향기로운 보물창고인 천사에게 당신은 얼마나 달콤한 향기를 발했습니까(이사야 39:2)! 주님께서 축복하시고 가브리엘이 "은혜를 받은 자여, 평안할지어다"(누가복음 1:28)라고 외쳤을 때, 가브리엘에게 그토록 달콤한 냄새를 발했던 당신의 비옥한 밭은 얼마나 향기로웠습니까(창세기 27:27 참조)? 그는 이미 "주께서 너와 함께 계시도다"라고 말하면서, 자신이 예배하는 왕이 당신 안에서 쉬고 계심을 보았습니다(아가 1:11). 그는 그 축복의 향기가 온 세상에 스며드는 것처럼 느껴서, "여인들 중에서 네가 복이 있다"라고 말했습니다. 그는 당신의 아들이 마지막에 자신의 모든 공동 상속인들(로마서 8:17 참조)에게 줄 엄청난 상급을 깨닫고, "네 태의 열매가 복되도다"라고 말했습니다.

묵상 9

오, 가련한 사람이여, 서둘러 가라. 생명을 찾을 수 있는 곳을 향해 서둘러 가라. 내 영혼아, 어찌하여 굶주림과 슬픔으로 세월을 허비하고 있느냐? 조언해 줄 사람이 아무도 없느냐(이사야 40:13, 미가 4:9 참조)? 불행한 피조물이여, 서둘러 네 여왕에게로 가라.

오늘 그녀는 지극히 높으신 하나님의 아들을 신방으로 영접하는 큰 잔치를 벌이실 것이다. 오늘 그녀의 왕실 결혼식이 열리고(마태복음 22:2 참조), 그녀의 포도주 저장고와 창고 문이 열리며(창세기 41:56 참조), 배고픈 사람들이 배불리 먹고 마시게 될 것이다(사무엘상 2:5 참조). 서둘러 가라, 문이 닫히기 전에 서둘러 가라(마태복음 25:10 참조).

은혜가 충만한 여인이여, 내 영혼이 얼마나 비어 있는지 보십시오. 내 여인이여, 당신의 집에는 밀가루와 포도주와 기름이 가득합니다(요엘 2:19 참조). 당신의 아들은 둘째 요셉이요, 당신은 그의 창고요, 측량할 수 없이 깊은 지하 저장고입니다(창세기 4:5 참조). 그래서 당신은 혼인 잔치에 포도주가 떨어지지 않게 하셨습니다. 당신은 당신의 아들, 우리의 사랑이 넘치시는 예수님께 "포도주가 떨어졌다"(요한복음 2:5)라고 말씀하셨습니다. 당신은 그분이 어떤 포도주를 소유하고 계신 지를 아시고, 우리에게 마실 것을 주라고 그분에게 권고하셨습니다. 여인이여, 우리에게 익숙한 포도주가 부족하지 않았다면, 당신은 그분에게 해결책을 주시도록 간청하지 않으셨을 것입니다.

우리의 포도주는 독사의 독으로 담근 술입니다(신명기 32:33). 이 치명적인 잔을 우리에게서 지나가게 하시고(마태복음 26:39 참조), 생명을 주는 당신의 음료를 우리에게 주셔서, 우리 존재에 퍼지게 하소서. 우리 마음이 당신의 포도주와 당신의 노래로 즐거워하게 하소서(시편 103:15 참조).

오늘은 궁중의 혼인 잔칫날이니, 당신이 사랑하는 사람들은 새 포도주를 마시고(집회서 9:15, 마태복음 26:29 참조), 새 노래를 부릅니다(시편 32:3 참조). 그곳에서 당신의 시편 기자 다윗은 "내 마음이 좋은 말로 왕을 위하여 지은 것을 말하리니, 내 혀는 글솜씨가 뛰어난 서기관의 붓끝과 같도다"(시편 45:1)라고 노래합니다. 그는 먹고 마셨으며, 이제 그의 마음이 노래를 부릅니다.

이것은 어디에서 일어난 일입니까? 하나님의 거룩한 곳입니다. 경건한 제사장이 제사장들만 먹을 수 있는 떡을 그에게 주었기 때문입니다(사무엘상 21:6 참조). 그는 신랑을 위해서는 새로운 노래를, 그리고 신부를 위해서는 기쁨으로 외치는 축제의 노래를 부릅니다(시편 41:5).

하지만 굶주림에 시달린 사람이 어떻게 노래를 부를 수 있겠습니까? 그는 노래를 부를 것이 아니라, 탄식을 해야 할 이유가 있습니다. 여인이시여, 배고파 죽어가는 사람은 나입니다(누가복음 15:17). 내게는 밀가루나 기름이 거의 흔적밖에 남지 않았습니다(열왕기상 17:12 참조).

하지만, 당신이 저장한 기름은 가득 차서 넘쳐 흐르므로, 당신을 바라보는 모든 가난한 사람들의 항아리를 채울 수 있습니다. 당신에게는 포도주와 기름과 밀이 풍부합니다. 당신은 풍년이 든 일곱 해 동안 비축한 밀이 쌓여 있는 당신의 아들 요셉의 광대한 창고이며(창세기 41:47-48 참조), 한 줄기에 무성하고 충실한 일곱 이삭이 달리는 밀입니다(창세기 41:5). 우리의 일곱 이삭은 당신의 무성하고 충실한 일곱 이삭을 삼키지 않는다면, 기근이 일어 곰팡이가 피게 될 것입니다(창세기 41:6-7). 당신의 풍부한 저장고로 구원받지 못했다면, 애굽은 멸망했을 것입니다.

굶어 죽어가는 요셉의 형제들이여. 멀리서, 땅끝에서 오십시오, 당신들의 짐승과 자루를 가지고 와서 사 먹으십시오. 돈이 없어도 사십시오(이사야 55:1). 당신들은 요셉을 알아볼 수 있을 것이며, 요셉도 당신들을 알아볼 것입니다. 그가 당신들 가운데 앉아서 함께 떡을 떼지 아니하면, 그는 당신들에게 나그네로 남을 것입니다(누가복음 24:30 참조). 그는 음식을 차리라고 지시했습니다(창세기 43:31).

음식은 요셉과 애굽인들과 요셉의 형제들에게 각기 따로 차려졌습니다. 애굽 사람들이 히브리인들이 함께 먹는 것은 금지된 일이었습니다. 그들이 이런 잔치를 경건하지 않은 것으로 생각하게 될 것이기 때문이었습니다(창세기 43:32). 그런데 요셉은 왜 따로 음식을 먹었습니까? 요셉은 "만민 중에 나와 함께한 자가 없이 내가 홀로 포도즙 틀을 밟았는데"(이사야 63:3)라고 말합니다. 그러므로 요셉의 형제들이여, 정오에 음식을 먹고(아가 4:6 참조), 당신들의 포도주로 기뻐하십시오(아가 5:1 참조). 그리하면 요셉을 알아볼 것입니다. 성경은 이렇게 기록하고 있습니다.

"요셉이 그 정을 억제하지 못하여 소리 질러 모든 사람을 자기에게서 물러가라 하고, 그 형제들에게 자기를 알리니, 그때 그와 함께한 다른 사람이 없었더라. 요셉이 큰 소리로 우니 애굽 사람에게 들리며 바로의 궁중에 들리더라. 요셉이 그 형들에게 이르되, 나는 요셉이라 내 아버지께서 아직 살아 계시니이까"(창세기 45:1-3).

야곱이 아직 살아 있다면, 그것은 놀라운 일입니다. 하지만 그는 살아 있는 동시에 죽었습니다. 왜냐하면, 그는 우리의 옛사람 아담(로마서 6:6 참조)이기 때문입니다. 그는 아들 요셉의 이름을 듣고 다시 살아나서 마치 꿈에서 깨어난 것처럼(창세기 45:26), "내가 죽기 전에 가서 그를 보리라"(창세기 45:28)라고 말합니다.

요셉은 "아버지를 모시고 오십시오(창세기 44:21, 45:13 참조). 새 사람을 입히십시오(에베소서 4:24). 그러면 그가 살게 될 것입니다. 이는 옛 아담이 죽었기 때문입니다"라고 말합니다.

많은 사람의 사랑이 식었기 때문에(마태복음 24:12 참조), 이 땅에 2년 동안 흉년이 들었습니다(창세기 45:6). 이제 남아 있는 다섯 달란트마저 잃어버리게 될 5년이 더 남아 있습니다(마태복음 25장 참조). 인류가 탄생한 이후로 겪어보지 못한 때가 임할 것입니다(다니엘 12:1). 그때 재앙과 기근이 있을 것입니다(마태복음 24:7). 요셉에게도 보살펴야 할 가난한 사람들이 있었습니다.

"주리는 자를 좋은 것으로 배불리셨으며, 부자를 공수로 보내셨도다"(누가복음 1:53).

묵상 10

'내 살을 먹고 내 피를 마시는 자는 내 안에 거하고, 나도 그의 안에 거하나니"(요한복음 6:56).

선한 선생님이시여, 우리를 가르쳐 주십시오(마가복음 10:17 참조).

홀로 인간에게 지식을 가르치시는 분이시여(시편 93:10 참조), 어떻게 당신의 살을 먹고 당신의 피를 마셔야 하는지 가르쳐 주십시오. 주님, 당신의 말씀이 영이요, 생명인 것을 우리가 알기 때문입니다(요한복음 6:64).

하지만 육에 속한 사람은 하나님의 영에 속한 것들을 깨닫지 못합니다(고린도전서 2:14). 이 말씀을 지적 능력으로 깨닫고자 하는 자들은 서로 다투어(요한복음 6:53), 반석에서 꿀을 빨지 못하기 때문입니다(신명기 32:13). 당신의 제자 중

더러는 이 반석에 머리를 부딪쳐 머리가 깨지고는 "이 말씀은 어렵도다"(요한복음 6:60)라는 말을 남기고 당신을 떠났습니다(요한복음 6:67 참조).

하지만 주님, 반석을 쳐서 물이 많이 흘러 백성과 그들의 짐승까지 마시게 하신 것은 바로 당신이셨습니다(신명기 20:21). 그러나 그들과 함께 길을 갔던 그 신령한 반석에서 마신 것은 오직 사람들뿐이었습니다(민수기 20:11). 짐승들은 영적인 물을 마실 수 없기 때문입니다(고린도전서 10:4).

주님, 당신은 하늘을 낮추시고 내려오셨습니다(사무엘하 22:10). 당신은 자신을 낮추시어 우리의 단순한 언어로 말씀하였습니다. 그런 다음에는 구름을 당신의 수레로 삼으십니다(시편 104:3). 우리를 당신의 육신을 통해서 영으로 인도하시기 때문입니다. 당신의 육신은 육신의 피조물로 남아 있는 사람들에게는 아무 유익이 없지만(요한복음 6:63), 육신을 통해 영으로 나아가는 사람들에게는 유익합니다.

주님, 우리는 우리가 진정으로 육체적으로 당신의 살을 먹고 당신의 피를 마실 수 있음을 압니다. 하지만 당신의 영이 당신의 살을 먹고 당신의 피를 영적으로 마시는 방법을 우리에게 가르쳐 주시기를 간청합니다.

우리도 구름을 우리의 수레로 삼아 성령께 나아가게 해

주십시오. 아는 것으로부터 알지 못하는 것으로 건너가게 해 주십시오. 그래서 육신이 먹고 마시는 방식에 근거하여 영이 먹고 마시는 독특한 방식을 검토할 수 있게 해 주십시오. 예를 들어, 우리가 이 땅의 유형적인 빵을 먹을 때 먼저 떡 한 조각을 떼어 입에 넣은 후, 그것을 이빨로 부수고 침으로 적신 후에 삼키게 됩니다. 그러면 이 음식이 위장에 들어가 그 힘과 양분이 온몸에 전해지게 되는 것입니다.

그리스도는 참으로 영혼의 떡이요, 하늘에서 내려온 산 떡이시며(요한복음6:41), 현재는 믿음으로, 하지만 내세에는 그리스도 자신을 보는 것과 함께(고린도후서 5:7 참조), 그리스도의 백성을 먹여 주십니다. 그리스도는 믿음을 통해서 당신 안에 사시며(에베소서 3:17 참조), 그리스도 안에 있는 믿음은 우리 마음 안에 계신 그리스도시기 때문입니다. 당신은 그리스도를 믿는 만큼 그분을 소유하고 있습니다. 그리스도는 그분을 믿는 모든 사람에게 동일한 떡이십니다. 비록 어떤 사람은 동일한 믿음의 은사를 더 충만하게 받고 어떤 사람은 덜 충만하게 받을지라도, 주도 한 분이시요 믿음도 하나이기 때문입니다(에베소서 4:5). 또한, 신자들의 수만큼 많은 믿음이 있는 것도 아닙니다. 만일 그렇다면, 각각의 신자가 자기 믿음을 통제할 것이며, 모든 신자가 믿음에 의해 통제되지 않을 것입니다.

이제 오직 하나의 진리가 있는 것처럼, 하나의 진리에 대한 하나의 믿음이 모든 믿는 사람을 다스리고 먹여 줍니다. 자신의 뜻대로 우리 각자에게 주시는 분도 한 분의 동일한 성령이십니다(고린도전서 12:11 참조).

그러므로 우리는 모두 같은 떡을 먹고 살며, 각자 자기 몫을 받습니다(고린도전서 10:17). 일치의 사슬을 끊는 사람들을 제외하고는 모든 사람이 각자 그리스도 전체를 소유하고 있습니다. "그리스도 전체"를 소유한다는 것은 그리스도가 자신에 대해 아시는 것만큼 우리가 그리스도를 알 수 있다는 의미가 아닙니다. 하늘에 있는 천사나 다른 어떤 피조물도 그렇게 할 수 없기 때문입니다.

그러나 내가 받은 이 은사 안에서 나는 그리스도 전체를 소유하고, 그리스도께서도 나의 전체를 소유하십니다. 그것은 마치 몸 전체에 속해 있는 사지(四肢)가 몸 전체를 소유하는 것과 같습니다. 그러므로 당신에게 분배된 믿음의 분량은 당신의 입에 있는 떡 조각입니다. 그러나 당신이 믿는 것을 자주, 경건하게 숙고하지 않는다면, 즉 그것을 이빨, 곧 당신의 영적인 감각으로 작은 조각으로 쪼개고

뒤집어가며 씹지 않는다면, 그것은 목구멍에 걸리게 될 것입니다. 다시 말해서, 그것은 이해 안으로 내려가지 못할 것입니다.

특히 매우 미묘하고 눈에 보이지 않는 것에 관해서 간혹 무관심하게 생각한다면, 어떻게 그것을 이해할 수 있겠습니까? 믿음은 우리가 볼 수 없는 것들을 우리에게 제공하며, 그러한 것들이 정신 안으로 전달되기 전에 큰 지적 수고와 노력이 있어야 합니다. 이 마른 떡이 빛의 아버지(요한복음 1:17)에게서 내려오는 지혜의 침으로 먼저 적셔지지 않는다면, 당신의 수고가 헛될 것입니다(시편 126:1 참조).

하지만 당신은 여전히 자신이 믿는 모든 것에 대해 동시에 생각하거나, 단계별로, 말하자면, 단편적으로 생각하고 이해할 수 있을 뿐입니다. 따라서 당신은 힘써 수고해야만 적절하게 음식을 준비할 수 있는 것입니다.

믿음은 눈에 보이지 않는 어머니처럼 기억 안에 있습니다. 그분은 하늘의 이슬로 비옥해질 때만 잉태할 수 있으며, 큰 산고(産苦) 없이는 아들을 낳을 수 없습니다. 이 아들은 이해에서 산출되는 말씀이며, 믿음은 그 안에서 자신을 가장 잘 볼 수 있고, 자신과 가장 유사한 형상으로 재생됩니다. 하지만 믿음이 완전히 하나님의 시각으로 변화될 때까지, 이해는 이 말씀을 낳는 일을 결코 멈추지 않을 것입니다. 그런 후에, "아이를 낳으면 세상에 사람 난 기쁨을 인하여 그 고통을 다시 기억지 아니하"(요한복음 16:21)게 되는 것입니다.

자궁 속에 있던 아이는 온종일 진통하고 신음함으로 태어납니다. 끊임없이 이런 아들을 낳지 못하는 불임의 영혼은 저주를 받았습니다. 언제나 좋은 이해력을 낳을 수 있도록 묵상을 통하여 항상 하나님의 법을 마음에 두십시오(시편 37:31 참조). 이러한 영적 양식을 마음속에서 사랑으로 변화시키는 것은 이해력이며, 그 결과 당신은 이해하는 것을 무시하지 않고 사랑 안에 간직하게 됩니다.

이해하는 것을 사랑하지 않는 한, 이해하는 것은 아무 소용이 없을 것입니다. 지혜는 사랑에 있기 때문입니다. 이해는 지혜의 영보다 앞서가며 일시적인 맛을 볼 뿐이지만 사랑은 단단한 음식을 즐기기 때문입니다. 영혼의 모든 힘은 사랑에 있고, 생명을 주는 모든 양분은 사랑 안으로 흘러 들어가며, 사랑에서부터 생명이 사지에 부어지고 힘을 줍니다. 성경은 "모든 지킬 만한 것 중에 더욱 네 마음을 지키라. 생명의 근원이 이에서 남이니라"(잠언 4:23)라고 말씀합니다.

사람이 육신 안에 있는 것처럼, 사랑은 영혼의 중심에 자리 잡고 있습니다. 그리고 이제까지 언급한 이 세 가지, 즉 **믿음과 묵상과 이해**는 사랑의 목적에 이바지하기 위해 성장하고 완전한 형태를 취하기 때문에, 이어지는 모든 특성이 사랑에서 나와서 사랑의 인도를 받습니다.

첫째로, 본받는 것은 사랑에서 나옵니다. 사랑하는 것을 본받고 싶지 않은 사람이 어디 있겠습니까? 당신이 그리스도를 사랑하지 않는다면, 그분을 본받지 않을 것입니다. 다시 말해서 그분을 따르지 않을 것입니다. 주님은 시몬 베드로의 사랑을 시험하신 후에, "나를 따르라"(요한복음 21:19), 즉 "나를 본받으라"라고 말씀하셨습니다. 유다는 발로는 그리스도를 따랐을지 모르지만, 마음으로는 탐욕을 따랐습니다. 게하시는 사랑이 아니라 탐욕 때문에 엘리사를 따랐습니다(열왕기하 5:20-27 참조). 그러나 우리는 온 마음에서 우러난 사랑으로 그리스도를 따라야 합니다.

므비보셋은 다리를 절었기 때문에 시련을 당한 다윗 왕을 따르지 않았습니다(사무엘하 19:25-26 참조). 하지만 우리는 항상 그리스도를 따라야 하며, 그 중에서도 환난을 당할 때 그리스도를 따라야 합니다. 왜냐하면, 어려운 일을 당할 때 친구를 시험해볼 수 있기 때문입니다. 그리스도는

'자기 십자가를 지고 나를 따르지 않는 자도 내게 합당하지 아니하니라"(마태복음 10:38)라고 말씀하십니다. 구레네 시몬은 실제로 십자가를 지고 그리스도를 따랐지만, 십자가의 고통을 함께 나누지는 않았습니다(누가복음 23:26 참조). 우리는 그리스도를 따르고, 그분을 가까이해야 하며, 죽기까지 그분을 버리지 말아야 합니다(빌립보서 2:8 참조).

엘리사는 "여호와께서 살아 계심과 당신의 영혼이 살아 있음을 두고 맹세하노니, 내가 당신을 떠나지 아니하겠나이다"(열왕기하 2:2)라고 말하고 나서, 엘리야가 불 병거를 타고 하늘로 올라갈 때까지 그의 스승을 떠나지 않았습니다(열왕기하 2:11).

일흔 두 명의 제자가 그리스도를 따랐지만, 그분이 자기들이 이해할 수 없는 말을 하자 발길을 돌렸습니다(요한복음 6:67 참조). 주님이 수난을 당하셨을 때, 베드로는 그분을 따라가기는 했지만, 그분을 부인할 것이었기 때문에 멀리서 따라갔습니다(마태복음 26:58 참조). 십자가에서 죽기까지 주님을 따른 사람은 오직 강도밖에 없었습니다. 강도가 십자가에서 죽기까지 그리스도를 따라갔다고 말해야 합니까, 아니면 그리스도가 강도를 따라가셨다고 말해야 합니까? 진실로, 그리스도는 강도가 더 도망칠 수 없을 때까지 그를 따라가셨으며, 도망가는 데 실패한 강도는 그리스도를 따라가 그리스도와 함께 낙원에 들어가게 되었던 것입니다(누가복음 23:43 참조).

그러므로 우리는 그리스도를 따라야 하며, 그리스도를 가까이해야 합니다. 성경은 "하나님께 가까이함이 내게 복이라"(시편 77:28), "나의 영혼이 주를 가까이 따르니, 주의 오른손이 나를 붙드시거니와"(시편 63:8)라고 말씀합니다.

"주와 합하는 자는 한 영이라"(고린도전서 6:17).

한 몸이 될 뿐 아니라, 한 영이 되는 것입니다. 그리스도의 몸 전체가 그분의 영으로 말미암아 살며, 우리는 그리스도의 몸으로 말미암아 그분의 영에게 나아갑니다. 믿음으로 그리스도의 몸에 들어가면, 우리는 그리스도와 한 영이 될 것입니다. 이제 우리는 믿음으로 그리스도의 몸과 연합했으며, 나중에 그분을 봄으로써 영으로 그분과 연합하게 될 것입니다. 여기에서와 마찬가지로 그곳에서도 영이 없으면 믿음도 없습니다. 따라서 그곳에서는 영이 몸이 없이 존재하지 않을 것입니다. 그때 우리의 몸은 영이 아니라 영화(靈化) 될 것이기 때문입니다.

그리스도는 "아버지여, 아버지께서 내 안에 내가 아버지

안에 있는 것 같이, 그들도 다 하나가 되어 우리 안에 있게 하사 세상으로 아버지께서 나를 보내신 것을 믿게 하옵소서"(요한복음 17:21)라고 말씀하셨습니다. 이것이 믿음으로 말미암는 하나님과의 연합입니다.

조금 후에 주님은 "그들로 온전함을 이루어 하나가 되게 하려 함은 아버지께서 나를 보내신 것과 나를 사랑하심 같이 그들도 사랑하신 것을 세상으로 알게 하려 함이로소이다"(요한복음 17:23)라고 말씀하셨습니다. 이것은 하나님을 보는 것(the vision of God)을 통해서 이뤄지는 하나님과의 연합입니다.

이것이 바로 그리스도의 몸을 영적으로 먹는다는 것의 의미입니다.

그분을 순수하게 믿고, 바로 그 믿음을 주의 깊게 묵상하며 항상 추구하고, 추구하는 것을 이해하면서 발견하고, 발견하는 것을 열렬히 사랑하고, 사랑하는 것을 최선을 다해 본받고, 그리스도를 본받는 가운데 변함없이 그분을 가까이하면서 영원히 그분과 하나가 되는 것입니다.

묵상 11

 이제 계속해서 성배(聖杯)에 대해 생각해 봅시다. 이는 먼저 그리스도의 살을 먹고 나서 그분의 피를 마시기 때문입니다. 이런 구원의 성배를 받는 것은 온전케 된 사람들입니다. 그 성배는 예수님이 마신 성배입니다. 그들은 하나님이 그들의 고난을 기뻐 받으실 때 그 성배를 받습니다.
 그래서 팔복의 여덟 번째 복은 '의를 위하여 핍박을 받는 자는 복이 있나니, 천국이 그들의 것임이라'(마태복음 5:10)라고 말합니다. 처음의 일곱 가지 복은 그리스도의 몸을 먹는 방법을 알려 주고, 여덟 번째 복은 그분의 피를 마시는 방법을 알려줍니다. 음식은 씹어야 하고 소화되기 전까지는 노력과 시간이 필요하지만, 음료는 빠르고 쉽게 삼켜집니다. 마찬가지로 도덕적 훈련과 꾸준한 덕의 실천을 배우기 위해서는 시간과 노력이 필요하지만, 온전한 사람들의 고난은 매우 달콤하며 빨리 지나가는 것처럼 보입니다.
 "주께서 내 원수의 목전에서 내게 상을 차려 주시고 기름을 내 머리에 부으셨으니, 내 잔이 넘치나이다"(시편 23:5).

이처럼 사랑스럽고 감미로운 선한 기쁨은 슬픔을 즐거움으로 바꿉니다. 온전한 사람들에게는 너무나 짧은 현재의 고난은 장차 나타날 영광을 위해 치르는 대가로는 너무 작은 것처럼 보입니다(로마서 8:18).

주님의 자비를 음미하고 이해할 수 있는 사람이 있습니까(시편 106:43 참조)? 주님이 주시는 축복의 성배를 마시기를 거부하며, 그분의 고난에 참여하기를 거부할 사람이 있습니까(예레미야 25:17 참조)? 성배를 들고 "사례"하셨다고 말씀합니다(마태복음 26:27). 그리스도의 성배를 받는 사람은 그것을 받는 것 이상의 일을 해야 합니다. 그리고 자기가 그 성배를 마시는 영광을 받기에 합당이 여김을 받은 데 대해 감사해야 합니다.

먼저 그 잔을 마시고 감사하신 다음에 제자들에게 주시며 "너희가 다 이것을 마시라"(마태복음 26:27)라고 말씀하신 분은 모든 피조물의 맏아들이자 왕이셨습니다. 그분은 아무도 제외하지 않으셨습니다. 그분은 모두가 자신의 기쁨에 참여하기를 원하셨습니다.

그분은 먼저 그 잔을 가지고 축복하셨으며, 그렇게 함으로써 그분의 고난의 성배가 성별 되었습니다. 우리의 고난을 축복해 줄 그리스도의 고난이 우리의 고난에 앞서지 않았다면, 우리의 고난이 우리에게 무슨 소용이 있겠습니까? 그렇다면 우리의 고난은 달콤한 축복이 아니라 쓴 잔이 될 것입니다. 죽음의 쓴맛을 단맛으로 바꾸는 것은 그리스도의 죽음입니다. 그러므로 그리스도의 피를 마시는 자들에게는 그분의 수난에 관한 믿음이 부여됩니다. 그리스도께서 우리를 위하여 고난을 받으사 우리에게 본을 끼치셨기 때문입니다(베드로전서 2:21).

그러나 우리가 그분의 복되신 수난, 그분의 성배가 재현되는 것을 관상할 때, 그것은 우리의 더 강렬한 목마름, 즉 그분의 고난을 지고자 하는 갈망을 자극합니다. 마카비 전쟁에서 행진하는 코끼리들에게 포도와 뽕나무 주스를 피처럼 보이게 하여 전투를 선동했습니다(마카비 1서 6:34). 우리는 갈증을 느끼고 성배를 받으며, 그때 고난에 대한 우리의 갈망이 행동으로 전환됩니다.

목마르지 않는 한, 누가 물을 마시겠습니까? 친히 십자가에 달리신 그리스도께서는 목이 마르셨습니다. 그분은 "내가 목마르다"라고 말씀하셨습니다. 하지만 그들이 신 포도주를 머금은 해융을 그분께 드렸을 때, 그분은 맛보시고 마시려 하지 않으셨습니다(요한복음 19:28-29). 그리스도는 헛되고 부정직한 마음에서 나오는 오래된 악의의 식

초가 아니라(고린도전서 5:8 참조), 깨끗하고 오염되지 않은 새 기쁨의 잔에 담긴 포도주를 마셨습니다.

그러므로 포도주를 마시는 사람, 곧 고난을 겪는 사람은 슬퍼하지 말고 기쁘게 고난을 받아야 합니다. 그래서 성 야고보는 "너희가 여러 가지 시험을 당하거든, 온전히 기쁘게 여기라"(야고보서 1:2)라고 말한 바 있으며, 사도들은 "공의회 앞을 떠나 기뻐하며 주의 이름을 위하여 해를 받기에 합당한 자로 나타났다"(사도행전 5:41)라고 기록되어 있는 것입니다. 고난 중에 영광을 돌리는 것이 마시고 기뻐한다는 의미입니다.

성경은 "나의 사랑하는 자들아 먹으라. 나의 사랑하는 사람들아 많이 마시라"(아가서 5:1)라고 말씀합니다. 음식을 함께 먹는 사람은 친구로 여겨지며, 함께 마시고 즐거워하는 사람들은 서로 사랑하는 사람들입니다.

하지만 술을 마셔도 기뻐하지 않는 사람들이 있습니다. 그 고난 중에 기뻐하지 않고 슬퍼하기 때문입니다. 노아는 포도주를 마시고 취하여 잠이 들었습니다(창세기 9:21). 그리스도도 수난을 당하실 때 잠이 드셨습니다. "내가 누워 자고"(시편 3:6)라는 말씀이 그분에 대해서 기록한 것이기 때문입니다. 그리고 아가서의 신부도 "내가 잘지라도 마음은 깨었는데"(아가서 5:2)라고 말합니다. 야곱은 여행 중에 잠이 들었는데, 그의 마음이 깨어 있어서 그가 보았던 놀라운 신비를 보고 크게 놀랐습니다(창세기 28:10-12 참조). 잠을 잔다는 것은 정신이 육체적 감각에서 분리되어 은밀한 중에 깨어 있는 것 외에 무슨 의미가 있겠습니까? 그러므로 몸이 잠잘 때, 마음이 계속 깨어 있게 하십시오.

우리는 잠을 자고 쉬어야 하기 때문입니다. 마음이 깨어 있지 않으면 아무도 쉴 수 없습니다. 시편 기자는 "내가 평안히 눕고 자기도 하리니"(시편 4:8)라고 말하고 있으며, 그리스도는 제자들에게 "이제는 자고 쉬라"(마가복음 14:4)라고 말씀하셨습니다. 세상사를 떠나 잠을 자며, 마음속 깊은 곳에서 쉬십시오.

"이는 너희의 쉴 안식일이라. 너희는 스스로 괴롭게 하고"(레위기 23:32, 23:27).

이 말씀은 무슨 뜻입니까? 우리가 자신을 괴롭게 해야 한다면 어떻게 그것이 안식일이 될 수 있습니까? 고행에는 쉼이 없습니다.

그러나 육신이 죽으면 영은 쉬고, 육신이 십자가에 못 박히면 마음은 안식일을 지키게 됩니다. 이 쉬는 안식일을 생각할 때, 두 종류의 안식이 있음을 이해해야 합니다. 하나는 감각에 속한 일을 쉬는 안식일을 지키는 것입니다. 다른 한편으로 우리는 영적인 것들에 대한 사랑 안에서 기뻐합니다.

"이날에 스스로 괴롭게 하지 아니하는 자는 그 백성 중에서 끊어질 것이라"(레위기 23:29).

그리스도의 고난에 참여하지 않는 사람은 누구도 그리스도의 영광에 참여할 수 없습니다(베드로전서 4:13 참조). 일곱째 날, 안식하는 안식일이 지나면 우리는 안식일의 여덟째 날에 이르게 됩니다. 그것은 부활의 날, 우리가 영생을 얻는 날, 그리스도의 살을 먹고 그의 피를 마시는 날입니다. 그분은 "내 살을 먹고 내 피를 마시는 자는 영생을 가졌고"(요한복음 6:54)라고 말씀하십니다. 우리는 아직 영생을 받지는 못했지만, 장차 영생을 받도록 예정되어 있습니다. 누구든지 영 안에서 이 살을 먹고 이 피를 마시는 사람은 영원히 죽음을 겪지 않을 것입니다(요한복음 8:51 참조). 믿음이 없는 사람은 그리스도의 몸을 씹을지라도 영으로 먹지 아니하므로 이미 죽은 자요, 무덤 속에 거하는 사람입니다.

이제 이 모든 것을 요약해 보겠습니다.

성배는 작은 믿음으로 우리에게 제공되며, 우리는 목마

름으로 인해 급히 그것을 마십니다. 우리가 마시는 것은 우리를 기쁘게 하고, 기쁘게 잠을 자게 하는데, 잠을 자는 것은 우리가 안식하는 것이며, 우리는 안식을 통해 영생을 얻습니다.

묵상 12

주님,

우리의 육체적인 갈망인 메추라기들을 우리에게 비같이 내리지 마십시오(출애굽기 16:13 참조). 메추라기들은 땅에서 두 규빗 이상 높이 날지 못합니다(민수기 11:31 참조). 그것들은 당신의 영이 주시는 선물에 도달할 수 없기 때문입니다. 먼지처럼 많은 고기(시편 78:27)를 비같이 내리지 마십시오. 육신은 먼지이니, 먼지로 돌아가기 때문입니다(창세기 3:19). 육신은 당신의 영광스러운 형상을 먼지 속으로 끌어내리게 될 것입니다. 입으로 들어가는 것은 모두 배로 들어가고 다 하수관으로 흘러 들어가 사라집니다(마태복음 15:17). 이것이 모든 육체의 즐거움의 종말이며, 날개 달린 새는 바다의 모래 같습니다(시편 77:27). 새는 배불리 먹고 날개를 퍼덕이다가 곧 모래로 돌아갑니다. 새는 기뻐하며 잠시 날아가다가, 곧 바다의 모래로 변합니다. 육신의 모든 즐거움은 비통함으로 끝이 납니다. 그것은 잠시 불행한 영혼을 일으켜 세우지만, 곧 다시 영혼을 짓눌러 모래로 떨어뜨립니다.

그러나 주님,

그것은 당신의 만나는 깟씨처럼 작은 입자로 되어 있으며(민수기 11:7), 메추라기처럼 저녁에 내리는 것이 아니라 이른 아침에 이슬처럼 떨어집니다. 그것은 반죽을 하기 위해 절구에 내려칠 때 기름 섞은 빵처럼 얇아지고 단맛을 내게 됩니다. 그것은 사람이 먹은 천사의 음식입니다(시편 78:25). 불신자들은 여전히 "이것이 무엇이냐"(출애굽기 16:15)라고 묻습니다. 그들은 당신의 말씀을 사소하고 비천한 것으로 보고 업신여깁니다(요한복음 6:61 참조). 그래서, 그들은 애굽의 고기 가마에서 풍족하게 먹었던 고기를 다시 갈망하게 됩니다(줄애굽기 16:23 참조). 이것은, 그들이 온갖 달콤함과 즐거움을 담고 있는 만나 안에 숨겨진 맛을 알지도 못하고 맛보지도 못하기 때문입니다(지혜서 16:20).

그들은 고기를 먹은 후에, 진영 주위에서 햇빛에 고기를 말립니다. 같은 햇빛이 고기를 말리고 만나를 녹인다는 것은 놀라운 일입니다. 고기를 말리는 것은 더 오래 두고 먹을 수 있도록 하기 위함입니다. 악인들은 자기들의 쾌락을 충족시키기 위해 더 오래 버팁니다. 하지만 햇볕이 뜨거워짐에 따라 당신이 주신 만나는 녹아버렸습니다. 사랑하는 사람이 말했을 때, 내 영혼이 내 안에서 녹아버렸기 때문입니다(아가서 5:6).

오, 정오의 태양이여, 우리 위에서 뜨겁게 타올라서 만나가 녹고 그 향기가 남방의 시내처럼 흐르게 하십시오(시편 125:4). 오, 이스라엘의 자녀들이여, 만나를 모아들여 절구에 찧으십시오. 그러면 영혼이 골수와 기름진 것을 먹은 것 같이 만족할 것입니다(시편 62:6). 그것은 힘든 일이지만, 그 열매는 답니다. 당신은 당신의 손으로 수고한 것으로 먹을 것이며, 그런 다음에 복을 받게 될 것입니다. 그리고 장래에는 평안할 것입니다(시편 127:2).

당신에게 말합니다. 당신의 몸과 영혼을 절구에 찧으십시오(신명기 11:8 참조). 그러면 당신은 그 안에서 가장 좋은 것을 발견하게 될 것입니다. 금식과 수고와 경계(고린도후서 6:5)로 몸을 찧고, 하나님의 거룩한 율법을 연구함으로 영혼을 찧으십시오. 절대로 그분의 율법이 당신의 마음속에서 침묵하게 하지 마십시오(신명기 4:9). 그것을 이리저리 돌려보고 여러 가지 방법으로 살펴보십시오. 그러면 만나의 맛이 얼마나 달콤한지를 이해하게 될 것입니다. 시편 기자는 "주의 말씀의 맛이 내게 어찌 그리 단지요. 내 입에 꿀보다 더 다니이다"(시편 119:103)라고 말했습니다.

지혜로운 처녀처럼 꽃에서 만나를 거두십시오. 당신에게는 놀라울 정도로 다양하고 사랑스러운 장미와 백합이 가득한 기쁨의 정원(창세기 3:23, 요엘 2:3)이 있습니다. 거기서 찾을 수 있는 모든 것은 달콤하고 향기롭습니다.

당신의 입맛에 맞는 달콤한 꿀을 바구니에 많이 비축해 두십시오. 무슨 말을 더할 수 있겠습니까? 벌에게 꿀, 사슴에게 시냇물, 사람의 마음을 든든하게 하는 빵, 이것들은 모두 동일한 음식입니다. 이런 음식은 기름을 섞어 반죽한 빵으로 병자를 낫게 하고, 건강한 사람을 튼튼하게 하고, 얼굴을 빛나게 하며(잠언 15:13), 온갖 즐거움과 단맛을 포함합니다(지혜서 16:20 참조).

메추라기는 어디 있고, 말린 고기는 어디에 있습니까? 참으로, 그것들은 먹는 사람들의 입안에서 썩습니다. 그것들이 입안에서 썩는다면, 그들의 뱃속에서는 얼마나 더 썩겠습니까! 그리고 의심할 여지없이, 그것들은 자기 변 속에 들어 있는 짐승처럼 썩습니다.

그러나 사람이 먹은 천사의 빵은 결코 썩지 않습니다. 그것은 하수관으로 내려가지 않고, 가장 높은 하늘로 올라갑니다. 거기서 사람을 끌어올려서 자신의 모양을 받은 곳으로 돌아가게 하는 것입니다.

부록

어느 농부신학자의 카르투시오 수도회 이해하기

김재현
(키아츠 원장)

1. 에필로그

렉티오 디비나의 교본을 그려낸 카르투시오 수도회의 은둔 수도사 귀고 2세

거룩한 읽기

21세기 들어 한국 개신교회에서도 '관상기도'와 '거룩한 독서' 같은 어휘를 어렵지 않게 접하게 되었다. 말씀 묵상과 성경 읽기에 익숙한 전통적인 한국 개신교인들에게 다소 생소해 보이는 이런 개념들은 일부 보수적인 교회에서는 논란을 일으키기도 했다. 그런 어휘들이 가톨릭교회와 수도원적인 배경에서 형성되었다는 것도 하나의 이유였다. 하지만, 그런 어휘들은 최근 들어 기존 개신교 전통에서 익숙했던 개념을 뛰어넘어 보다 깊은 영적인 의미를 추구하는 사람들에 의해 널리 수용되고 있다.

일반인들의 삶의 현장에서 구별되어 살아갔던 수도원의 수도사들은 성경 읽기와 기도와 묵상에 전념하는 전문 종교인의 삶을 살았다. 이들은 교구 중심의 사제들이 사목, 즉 목회의 현장에 많은 시간을 보내는 것과는 대조적으로 종교적 수련과 실천에 더 많은 시간과 정성을 들였다. 6세기에 베네딕트의 《규칙서》가 등장한 이래, 수도원들은 보다 체계적인 일상을 살아갔고, 수도사들의 신앙적 수련의 깊이도 더해갔다. 예를 들어, 성무일도(Divine Office)를 따라 하루에 일곱 번씩 기도하는 전통은 지금까지 수많은 수도사들이 지키고 있다. 여기에 성경에 대한 깊은 묵상과 해석은 수도원 울타리를 넘어 많은 사람들에게 영적인 지침과 안내서를 제공해 왔다. 특히 베네딕트는 은둔형 수도원이나 극단적 고행을 강조하는 수도사들보다는 공동체적 성격을 강조하면서 수도사들이 비교적 쉽게 수도 생활을 따라 할 수 있는 기준을 제공했다. 이런 차원에서 사람들은 그 깊이를 제대로 이해하지 못하더라도, 수도원 영성에 대해 관심을 갖게 된다.

수도원 영성과 관련해 우리에게 익숙한 개념은 '거룩한 독서'를 뜻하는 렉티오 디비나(Lectio Divina)이다. '거룩한 독서'를 뜻하는 렉티오 디비나는 원래 하나님의 말씀인 성경을 읽는 것을 의미했지만, 점차 수도원 영성 일반을 가리키는 개념으로 확장되었다. 그래서 지금은 수도원 영성의 핵심개념들인 읽기, 기도, 묵상, 관상을 포괄하는 개념으로 사용되고 있다.

그렇다면, 우리에게 익숙한 읽기, 기도, 묵상, 관상이라는 '거룩한 독서', 즉 렉티오 디비나(Lectio Divina)는 어느 시대에 누가 구체적으로 다듬었을까? 전문종교인을 뜻하는 수도사 혹은 수도승이 기독교뿐만 아니라 세계의 보편종교 어디에나 존재하듯이, 수도원 영성훈련의 주요 수련 개념들도 수도원의 역사 가운데 늘 존재해 왔다. 그러나, 우리에게 익숙해진 이러한 4단계의 거룩한 독서는 12세기 카르투시오 수도회의 귀고 2세 원장(Guigo II, 원장 재위 기간 1174-1180)에 의해 정리되었다.

귀고 2세(1114-1193)

12세기 중세 기독교는 신비주의 신학에서 스콜라주의의 등장에 이르기까지 '12세기 르네상스'라 불릴 정도로 영성과 실천, 학문과 사상의 거의 전 분야에서 기독교 문화의 황금기였다. 귀고 2세는 이러한 시대에 등장한 카르투시오 수도회의 9대 원장이었다. 프랑스 그레노블에 위치한 그랑드 샤르트뢰즈(La Grande Chartreuse)는 오늘날 전 세계 카르투시오 수도회의 총원, 즉 본원에 해당한다. 같은 수도원의 제5대 원장의 이름도 귀고 1세(Guigo I, 1083-1136)였기 때문에, 우리가 다루고 있는 귀고 2세와 혼동하는 일이 없도록 주의를 기울이는 것도 중요하다.

귀고 2세의 활동이나 남아있는 작품에 비해, 안타깝게도 그의 생애에 대한 기록은 거의 없다. 다만, 그의 작품과 사후에 남겨진 기록들을 참고해 그의 생애를 어렴풋하게나마 그려볼 수 있다. 귀고 2세는 12세기 초에 프랑스 중앙에 있는 생-푸르상-쉬르-시울(Saint-Pourçain-sur-Sioule)에서 태어났다. 그는 어린 시절에 그레노블에 있던 카르투시오 수도회인 그랑드 샤르트뢰즈에 들어가, 이곳에서 평생을 보내다 생을 마감했다. 그의 생애에 대한 기록은 거의 없지만, 그가 남긴 짧은 저술들은 카르투시오 수도회뿐만 아니라 이후 수많은 영성가들에게 두고두고 영향을 끼쳤다.

귀고 2세와 그의 작품의 중요성

'중세에 대한 우리의 무지'를 '중세인들의 무지'로 생각하는 사람들이 지금도 여전히 많다. 그런 상황에서, 일반 독자들이 중세 기독교의 주요 인물들과 작품들은 물론 그들이 차지하는 가치를 이해하는 것이 어려울 때가 많다. 여기서는 우리가 왜 귀고 2세의 작품을 알아야 하는지를 몇 가지로 간략하게 살펴보겠다.

첫째, 렉티오 디비나의 4단계 정리
기독교 수도원에서 이전까지 광범위하게 이해되던 렉티오 디비나를 읽기, 묵상, 기도, 관상이라는 4단계로 구체적이고 명확하게 정리해주었다.

둘째, 영적 성장을 위한 실용적인 조언
원래 수도원이 시작되던 초기 기독교시대에 사막 교부들의 금언록을 이르는 아포프테그마타(Apophthegmata)는 매우 실용적인 수도사들의 조언을 담고 있었다. 그런데 기독교가 발전하면서 수도사들의 글이 이론적이거나 철학적으로 심오해지고 때로는 신학적으로 난해할 정도로 전문화되었다. 그런데 귀고 2세의 글은 초기 기독교의 사막의 수도사들의 글처럼 매우 실용적이다. 그가 제시한 4단계의 렉티오 디비나는 전문 수도사들뿐만 아니라 일반인들도 따라 할 수 있도록 쉽게 정리되어 있다.

셋째, 가장 오랜 기간 지속된 은둔수도회의 작품

카르투시오 수도회의 역사를 간단하면서도 함축적으로 다룬 제임스 호그(James Hogg)가 지적했듯이, 카르투시오 수도회는 은둔수도회로서는 예외적으로 오래 지속되어왔다. 많은 사람들이 은둔적 수행을 추구하지만, 공동체적 삶을 강조하는 수도원에 비해 그만큼 오래 지속하기가 어렵다. 그래서 우리는 귀고 2세의 작품을 통해, 어떻게 그 어려운 은둔형 수도회를 지금까지 유지해 올 수 있었을까 하는 질문을 제기하고, 나름의 답을 얻을 수도 있다. 이는 마치, 한국의 프란시스라 불리는 동광원의 이현필 선생이 1964년에 사망한 후에도 그를 따르는 사람들이 70년이 다 되도록 그때의 정신과 삶을 유지하고 있는 것과 비견할 수 있다.

넷째, 은둔형 수도원과 기독교 신비주의 전반에 대한 이해 증진

기독교 수도원은 처음 등장하던 시기부터 공동체적인 수도원(Cenobitic monastery)과 은둔형 수도원(Eremitic monastery)이 같이 등장했다. 그런데 이 두 유형 가운데 기독교 역사뿐만 아니라 오늘날의 연구자들 역시 공동체적인 수도원에 더 큰 관심을 두어 왔다. 이에 반해, 은둔수도자들과 봉쇄수도원에 대한 연구는 상대적으로 빈약하다. 무엇보다 은둔형 수도자들에 일반인들이 접근하기가 쉽지 않고 자료 역시 제한되어 있기 때문이다. 또한, 그들이 남긴 기록문서에 관한 관심이 상대적으로 적은 것도 사실이다. 더군다나, 기도와 관상이라는 주제 자체가 글로 표현되거나 체계적인 형식을 갖기 어려운 것도 또 다른 이유이다.

이런 맥락에서 귀고의 글은 그동안 간과되어온 은둔형 수도사들과 수도원에 대한 이해를 높일 수 있다. 은둔형 수도원은 공동체적인 수도원에 비해 주변 사회나 자신들과 관련된 일상사보다는 개인적인 영성 관리에 시간을 더 많이 보내고, 하나님께 기도하고 영성을 발전시키는데 보다 집중했다. 이런 차원에서, 귀고의 글과 그가 몸담았던 카르투시오 수도회에 대한 이해는 수도원 전반에 대한 이해를 넓혀줄 뿐만 아니라, 그동안 우리에게 잘 알려지지 않았던 은둔 수도사들의 심오한 영성훈련의 여러 모습을 접하게 해 준다. 귀고의 작품은 당대뿐만 아니라 이후에 십자가의 성 요한(John of the Cross, 1542-1591)과 토마스 머튼(Thomas Merton, 1915-1968) 같은 기독교 신비주의자와 영적 작가들에게 세기를 넘어 깊은 영향을 미쳤다.

《수도사들의 사다리》와 《관상적 삶에 대한 서신》

귀고 2세가 남긴 책들이 도대체 어떤 내용을 담았길래, 많은 사람들에게 그렇게 큰 영향을 미쳐 왔을까? 우리는 이번 책에서 귀고 2세가 남긴 두 개의 작품을 담았다.

첫 번째로 귀고의 가장 중요한 작품인 《수도사들의 사다리》인데, 이 책은 렉티오 디비나의 네 단계를 구체적으로 설명해주고 있다. 이 책은 라틴어로 《스칼라 클라우스트랄리움》(*Scala Claustralium*)라 불리는데, 우리말로 《수도사들의 사다리》를 뜻한다. 이 책은 읽기, 묵상, 기도, 관상이라는 네 가지 개념을 총 15개의 장으로 설명하고 있다. 이 책은 수도사들의 영적인 삶의 핵심인 렉티오 디비나의 실천을 단순하면서도 구체적으로 다룬 가장 중요한 초기 작품으로 간주된다.

우리가 담은 두 번째 책은 《관상적 삶에 대한 서신》이다. 이 책은 깊이 있는 기도 생활을 추구하는 사람들을 위한 실용적 지침서로 12개의 묵상으로 구성되어 있다. 귀고 2세는 이 작품에서 침묵과 고요함, 혹은 정적을 가장 중요한 덕목으로 삼았다. 지금도 카르투시오 수도사들은 필수적인 예배와 특정한 노동을 제외하고는 대부분의 시간을 개인이 거하는 독방과 작은 정원에서 보내면서 고독과 침묵을 벗 삼아 기도와 성경 읽기 등의 영적인 삶에 매진한다. 이들에게 있어서 침묵과 정적을 지키는 삶이 개인의 집이요, 미리 맛보는 작은 천국이다.

이처럼《수도사들의 사다리》가 렉티오 디비나에 대한 4단계의 틀을 제공해주는 반면,《관상적 삶에 대한 서신》은 내면의 평화와 고요함을 증진시키는 영성훈련의 안내자라 할 수 있다.

카르투시오 수도회

지중해 연안을 중심으로 발전하던 기독교가 유럽 전역에 확산되면서 한편으로 주교와 사제를 포함한 지역 기반의 교구 제도와 성직자들의 체계가 안정되었고, 다른 한편으로 베네딕트 수도회에서 클루니 수도회에 이르는 체계적인 수도원이 자리를 잡아갔다. 성 브루노가 카르투시안 수도회를 시작하던 시점은 당대 유럽 사회에 중심적 역할을 했던 시스터시안 수도회의 클레르보의 베르나르

(Bernard of Clairvaux, 1090-1153)가 죽은 지 불과 31년밖에 되지 않은 시점이었다. 또한 1209년에 교황의 인준을 받은 프란시스칸 수도회나 1212년에 인준을 받은 도미니칸 수도회가 본격적으로 등장하기 전이었다.

중세사회의 발전에는 로마를 중심으로 한 서방기독교와 콘스탄티노플을 중심을 한 비잔틴기독교에서 수도원의 기여가 자못 컸다. 예를 들어, 서방기독교의 경우, 수도원과 수도원에서 배출된 고급인력은 중세 유럽의 토대를 놓은 8세기 카롤링거 왕조의 문예부흥을 이끌었고, 동시에 유럽사회에서 기독교의 교권 확립과 확장에 기여했다. 하지만, 이때 주로 기여한 수도사들은 공동체적 삶을 우선하는 수도원들이 주를 이루었다.

11-12세기는 수도회뿐만 아니라 중세 기독교의 황금기를 구가할 정도로 모든 영역에서 기독교가 발전을 이루던 시점이었다. 그런데 이 시기에 초기 기독교 시절의 은둔적 수도사들과 같은 삶을 동경하고 꿈꾸는 사람들이 등장했다. 은둔 수도사, 혹은 은수사라 불리는 사람들은 수도원의 초기 단계에 나일강의 사막의 교부들이라 불린 '천상의 수도사들'에서 볼 수 있듯이 은둔 수도사들로서의 또렷한 특징을 갖고 등장했다. 하지만 몇 주나 몇 달 동안 단기

선교를 가는 것과 달리 몇 년 혹은 평생을 외부와 단절된 은둔 수도사로 살아가는 것은 결코 쉬운 일이 아니다.

은둔자의 삶은 거주의 위험뿐만 아니라 고독의 위험과 개인주의의 위험을 항상 내포하고 있다. 사막의 전갈과 독사는 육체적으로 실제적인 위험으로 다가왔고, 외진 곳을 선호했던 이들은 종종 약탈의 대상이 되었다. 《안토니우스의 생애》에서 보듯이 악마는 각종 모습을 하고 은둔자들, 또는 독거 수도자들의 영적인 삶을 위협했다. 그래서 귀고 2세의 작품에서 보듯이 초보 종교 입문자들에게 은둔자의 삶은 그리 권장되지 않았다. 그래서 중세유럽에 주도적이었던 베네딕트 수도회가 개인주의나 극단적인 고독, 너무 엄격한 금욕주의를 경계하기도 한 것은 이를 고려한 측면도 있었다. 중세시대에 지속적으로 등장한 봉쇄 수도원도 종종 인근의 공동체적 수도원과 협력해 운영되는 경우가 많았다. 하지만, 극단적 금욕주의나 은둔적인 삶은 언제나 수행자들의 이상으로 남아있었다.

기독교신학과 수도원 운동 전반이 발전하던 11세기 후반에 이러한 은둔적 삶을 동경하고 직접 실행하여 오늘날 우리가 알고 있는 카르투시오 수도회를 만든 사람은 쾰른 출신의 성 브루노(Bruno, 1030-1101)였다. 브루노의 지도

력 아래 1084년에 수도사들은 프랑스의 그레노블에 위치한 그랑드 샤르트뢰즈에서 새로운 형태의 수도회를 일으켰고, 그 지역의 이름을 본떠서 카르투시오 수도회라 불렸다. 비록 작은 출발이었지만, 브루노 사후 100여 년이 지난 1200년에는 38개의 수도원이 생겨났고, 1500년경에는 200개의 수도원이 유럽변경을 넘어 세워졌다.

카르투시오 수도원은 처음부터 규모 면에서 크지 않았다. 규모가 클 경우, 운영 자체가 힘들 뿐만 아니라 그에 수반되는 일상과 행정업무를 피할 수 없었을 것이다. 시간이 지남에 따라 수도회의 전체 규모가 커지자, 당대 새롭게 시작하던 시스터시안 수도회의 예를 따라 총회 개념을 도입했고, 그랑드 샤르트뢰즈에서 연례 총회로 모여 중요한 의제를 논의했으며, 수도회의 목표와 지침을 담은 일종의 수도회 대헌장에 해당하는 회헌(Statues)를 만들었다.

하지만, 각 수도원은 상대적으로 독립적인 권한을 갖고 운영되었다. 하나의 수도원은 보통 원장과 12명 내외의 봉쇄 수사들이 거주했다. 봉쇄 수사들이 기도와 관상에 집중하기 위해, 16명 내외의 평수사들을 받아들여 각종 업무를 감당하며 수도회의 삶을 보완하게 했다. 예를 들어, 수도원이 위치한 곳에서 2km 정도 떨어진 곳에서 외부인의 접근을 제한하는 것도 이들의 몫이었는데, 평수사들의 수고에 힘입어 인위적으로 만들어진 고립된 '사막' 가운데 수도원을 만들 수 있었다. 심지어 식사와 빨래와 노동과 외부와의 접촉도 대개 평수사들의 몫이었다. 영성 수련에 힘쓴 봉쇄 수사들은 정신과 영적 추구만큼은 초기 이집트나 시나이반도의 사막을 본받고 싶었는지 모른다. 이렇게 하여, 봉쇄 수사들과 평수사들이 힘을 모아 각 지역의 수도원은 종교적 업무, 재정, 유지관리 면에서도 자급 자족적인 공동체를 유지했다.

이들 수도사는 생존에 필요한 이상의 토지를 축적하는 것을 피했고, 새로운 입회자를 받아들이는 데도 매우 엄격했다. 수도원에 필요한 노동과 업무, 예배 등을 위해서는 공동으로 모임을 했지만, 더 많은 시간을 개인의 독방과 방 앞에 딸린 정원에서 보내면서 기도와 성경 읽기에 힘썼다. 세상과 분리되어 은둔적 수행을 강조했지만, 꼭 필요한 부분에서는 공동체적인 생활을 겸했다. 이런 모습은 나일강의 성 안토니우스나 기독교 역사의 은둔 수도사들의 삶에서도 동일했다. 고독자로서의 최대한의 독거 수행을 했지만, 꼭 필요한 생존의 기법과 예배를 위해서는 공동의 협력을 필요로 했던 것이다.

세상이라는 사막 가운데 살지만, 외부와 소통을 강조하는 카르투시오 수도회

나는 신학대학원을 시작해서 박사학위를 받을 때까지도 지금처럼 카르투시오 수도회에 집중했던 적은 없었다. 카르투시오 수도회가 다른 수도회에 비해 규모가 큰 것도 아니었고, 눈에 띄는 영성적 작품을 많이 배출한 것도 아니었기 때문에 물밀 듯이 몰려오는 공부리스트에서 필요 이상의 시간을 할애할 수 없었다. 더군다나 카르투시오 수도원이 시작될 무렵, 당대 중세 기독교신학과 수도원 운동이 예외적으로 위기에 처한 것도 아니었다.

그러나 이번 작업에서 귀고 2세의 작품을 접하면서, 단순하지만 깊은 영적인 가르침에 고개를 숙였고, 카르투시오에 대한 자료를 접하면서 '그들의 무지'가 아닌 '나의 무지'에 마음을 숙였다. 나는 그랑드 샤르트뢰즈 수도원이 왜 산골짜기에 위치한 수도원에서도 2km 내외의 거리를 두면서 사람들의 접근을 제한시켰는지를 깨달았다. 또한, 왜 학문적 차원에서의 신학이나 언어 연구보다는 기도와 관상에 집중하는지를 조금은 알게 되었다. 그리고 수도원의 봉쇄 수도사들의 숫자를 12명 내외로 제한하는지도 고개를 끄덕일 수 있게 되었다. 때론 몇 가지 면에서 아직도

동의하기 힘든 것들이 있었다. 하지만, 그들의 마음과 자세만큼은 분주하게 살아가는 오늘날의 내게 적지 않은 도전을 주었다. 특히, 1980년대부터 2000년대에 이르는 성장과 세계화 시대를 살아왔던 한국교회의 성장병과 세속적 과시병증에 상큼한 청량제가 될 수 있다는 생각이 들었다. 온갖 프로그램과 세미나나 모임으로 점철된 한국개신교에 '영양가 없는 소음'이 아닌 침묵이 더 필요하다는 생각이 들었다.

최근 들어 카르투시오 수도원들이 외부와의 소통을 강화하고 있는 듯 보인다. 원래부터 그랬는데 내가 몰랐을 수도 있다. 2005년 필립 그로닝(Philip Groning) 감독이 만든 〈위대한 침묵〉(Into Great Silence)이라는 영화를 통해 그들의 삶이 거의 천년 만에 처음으로 외부인들에게 알려졌다. 대사가 거의 없는 다큐멘터리였지만, 국내에서도 10만 명이 넘는 사람들이 그 영화를 보았다.

그리고 2019년 12월 KBS가 3부작으로 방송한 〈세상 끝의 집, 봉쇄수도원 카르투시오〉는 아시아에서 유일한 카르투시오 수도원인 경상북도 상주에 위치한 카르투시오 수도원의 이야기를 담았다. 170분에 달하는 이 작품은 1년 후인 2020년 11월 19일 96분의 극장판으로 개봉되었다.

교황 바오로 2세(재위 기간 1978-2005)의 뜻에 따라 2005년 세워진 상주의 봉쇄수도원에는 한국, 프랑스, 독일, 스페인 등 다양한 국적을 가진 11명의 수사들이 거주하고 있다. 침묵과 고독에 가난을 더해 살아가는 사람들의 이야기는 많은 사람들의 주목을 받고 있다. 여기에 최근 산뜻하게 개편된 카르투시오 수도회의 웹사이트를 통해 우리는 좀 더 자세한 그들의 삶과 영성을 접할 수 있다.

감사와 기대

카르투시오 수도회에 대한 '나의 무지'를 하나둘씩 밝혀주고 빛으로 인도해 준 여러분들이 있었다. 2022년부터 키아츠 영성선집 번역작업을 같이 해 오고 있는 캐나다 캘거리에 거주하고 있는 김진우 목사의 깔끔한 한글 번역은 작품 전체를 새롭게 읽는 계기를 만들어 주었다. 이에 더해, 페이스북(Facebook)을 통해 도움을 주신 유럽에 거주하는 카르투시오 수사늘은 친절하게 내가 필요로 하는 분들을 연결해 주셨다. 그리고 한국에 있는 카르투시오 수도회는 내가 필요한 거의 모든 자료를 적절한 시기에 친절하게 제공해주셨다. 그분들은 제임스 호그의 자료를 pdf파일로 보내주셨고, 카르투시오 내부적으로 회람하는 영상을 공유해주셨다. 또한, 그랑드 샤르트뢰즈 수도원의 사진과 자료를 사용하도록 총원의 허락을 받는데 수고해 주셨다. 지금까지 많은 기관과 협업을 하거나 도움을 주고 받아왔지만, 이번처럼 호의적이고 적극적인 협조는 작업하는 내내 내 마음을 편하게 만들어 주었다.

이번 작업은 오랫동안 키아츠의 연구사역을 지원해 주신 영락교회와 김운성 목사님의 도움이 없었으면 불가능했을 것이다. 깊은 감사를 드린다. 오랜 세월 같은 학문의 길을 걸어오면서 늘 큰 도움을 준 권혁일 목사님에게도 여전한 감사를 드린다.

이번 작업을 계기로, 한국 기독교인들이 보다 균형 잡힌 영성을 형성해 가기 위해 더 좋은 작품들이 더 많이 나오기를 소망한다. 때로는 교단이 다르고 교파가 다르고 영성의 길에 강조점이 다를 수 있지만, 하나님을 찾아가려는 우리의 열정은 동일하다. 기도와 관상, 고독과 침묵, 엄격한 금욕주의, 렉티오 디비나로 요약되는 거룩한 독서의 강조, 검소하고 가난한 삶을 살았던 카르투시오의 수도자들의 영성이 우리 맘과 삶에도 깊이 자리하기를 소망한다.

2. 한 개신교 신학자의 카르투시오 수사들의 삶 풀어쓰기

일러두기

- 이 글은 카르투시오 수도회의 홈페이지에 담긴 글과 영상들을 일반 독자들이 이해하기 쉽도록 살을 더해 풀어 쓴 글입니다. 이 자료를 사용할 수 있도록 허락해 주신 카르투시오 수도회에 감사드립니다. 혹시 원래의 뜻이 제대로 전달되지 못한 곳이 있다면, 전적으로 작업자의 이해 부족에 의한 것임을 밝힙니다.
- 몇몇 표기들과 수도회가 한글로 인용해 홈페이지에 올린 성경 구절도 그대로 담았습니다. 대신 설명을 더하는 곳에서는 개인 교인들의 용어를 사용했습니다.
- 수사들이 홀로 거하는 작은 방을 나타내는 한글 단어에는 '독거처', '독수처', '은거처'라는 용어를 사용하기도 합니다. 이 글에서는 '독거처'라는 용어를 사용합니다.

떠남

"하나님 한 분으로 충분합니다. 그분을 위해서 카르투시안들은 모든 것을 떠났습니다."

"네 고향과 네 친족과 네 아버지의 집을 떠나가거라!"(창세기 12:1).

아브라함이 하나님으로부터 이 말씀을 받았던 시대부터, 오늘날에 이르기까지 '떠나라'는 하나님의 부르심은 여전히 유효합니다. 예수를 믿는 사람들의 중생과 재생을 상징적으로 의미하는 세례 역시 과거의 삶과 습관을 떠나는 것을 의미합니다.

그렇다면, 왜 떠나는 것일까요? 떠나는 이유를 이해하기는 어렵지 않습니다. 오히려 간단하고 단순합니다. 세상의 모든 것을 떠나, 오직 하나님만을 사랑하는 것, 즉 연인으로 삼고, 그분과 사랑을 나누도록 강력한 하나님의 부름을 받았기 때문입니다. 그분의 사랑은 우리가 세상의 모든 것을 버리고도 부족함이나 아쉬움이 없을 정도로 강력합니다. 오히려 그분만이 우리의 삶과 세상을 채우기에 충분합니다. 세상의 모든 것을 더한 것보다 하나님 한 분이 갖는 가치와 힘이 더 크기 때문입니다.

그래서 수도사들은 이 말씀을 문자 그대로 받아들입니다. 수도사들은 하나님의 부름을 받았을 때 지체 없이 자신의 삶을 떠났습니다. 이는 카르투시오 수도회를 시작한 브루노의 경우도 마찬가지였습니다.

사막과 봉쇄

"나는 그 여자를 달래어 광야로 데리고 가서 다정히 말하리라"(호세야 2:16).

떠남의 의미는 오늘날의 많은 그리스도인들이 생각하는 것처럼 영적이거나 삶의 자세에서만 은유적이거나 상징적으로 떠나는 것이 아닙니다. 오히려 문자 그대로 자신이 살고 있는 세상의 거처를 물리적으로 떠나는 것입니다. 카르투시오 수도사들은 성경에 대한 문자적 해석과 순종을 강조합니다. 그래서 말씀을 마음에 받으면, 바로 떠나는 것입니다.

그러면 어디를 향해 떠나는 것입니까? 광야, 즉 사막으로 떠나는 것입니다. 삶의 일상을 떠난 수도자들이 이 땅에서 자리한 중간 기착지는 '사막'이라 불리는 수도원입니다. 카르투시오 수도사들이 수도원이란 용어보다 '사막'이란 표현을 선호하는 것은 초대 사막 교부들의 이상을 본받기 위한 것일 수 있습니다. 우리에게 잘 알려진 성 안토니우스도 알렉산드리아의 모든 부유함을 '아무것도 아닌 것'으로 버리고, 사막으로 떠났습니다. 그래서 이들 수도사들은 사막의 교부들처럼 가능한 한 엄격한 수도 생활을 추구합니다.

사막의 황량함과 은둔과 고립과 육체적인 외로움은 세상의 삶과 강력하게 대조되는 이미지들입니다. 사막은 세상의 요란한 소리를 피할 수 있는 곳이지만, 동시에 수많은 위험이 도사리고 있는 곳입니다. 거기에는 건조함이나 목마름은 당연한 일입니다. 사막에는 독사와 전갈 같은 외적이거나 자연적인 위협만이 존재하는 곳이 아닙니다. 고독과 불편함은 의식주만큼 빈번한 도전을 줍니다. 도시를 비롯한 문명의 편리함의 도움을 받는다는 것은 상상도 못할 수 있습니다. 매일매일의 수고와 노력이 시간이 지나면 삶의 여건을 풍성하게 해 줄 것이란 일상적인 삶의 계획도, 재화를 많이 축적할 수 있다는 계획도 세울 수 없을 것입니다.

이러한 사막으로 부름받는다는 것은 인간의 모든 예측을 거부하고, 주께서 어디로 이끄시든지 우리가 알지 못한 채로 그분과 함께 걷겠다는 믿음과 절대적인 순종을 뜻합니다. 자아를 죽이고, 개인의 열망을 죽이고, 개인의 바람을 죽이고, 그리스도를 따르는 것을 의미합니다. 수도사가 된다는 것은 그런 삶을 선택하는 것입니다.

모래사막이나 황무지나 광야 같은 지리적인 사막을 찾는 것은 모두에게 쉬운 것은 아닙니다. 다행히 샤르트뢰즈 수도원 주변에는 거대한 바위산들이 있어 사막의 분위기를 조금은 만들어 냅니다. 하지만, 많은 수도원들이 사막의 분위기를 인위적으로 만들어 내기는 결코 쉽지 않습니다. 그래서, 수도사들은 사막이 갖는 의미를 구현하기 위해 인위적인 사막을 형성하고자 애씁니다. 때론 사람이 거주하지 않는 깊은 곳으로 들어가 자리를 잡습니다. 때에 따라 수도원이 위치한 곳에서 사방으로 2km 내외에 외부인의 출입을 최대한 자제시키고, 일종의 '사막캠프'를 만듭니다.

지리적인 배치와 상관없이, 수도원의 울타리 안에서 평생 수도 생활을 하는 봉쇄수도원도 오랫동안 자리해왔습니다. 이들은 약탈과 살육 등의 안전상의 문제와 성례와 미사와 강론 등의 예전적인 차원에서 공동체 생활을 하는 수도원 가까이 위치한 경우도 많았습니다. 특히 수녀원에서는 그런 경우가 더 많았습니다.

'사막'의 학교, 고독, 침묵, 기도의 수련장

"하나님의 영광을 찬양하기 위하여 그리스도, 성부의 말씀께서는 언제나 성령을 통하여 사람들을 선택하셨는데, 이는 그들을 고독으로 이끄시고 친밀한 사랑 안에서 그들을 당신과 일치시키시기 위해서입니다"(회헌 1.1).

"고독한 기도는 하나님과 교회가 우리에게 맡긴 몫이며, 그리스도의 끊임없는 일에 대한 우리의 협력입니다."

"내 아버지께서 여태 일하고 계시니, 나도 일하는 것입니다"(요한복음 5:17).

"사막의 고독과 침묵은 그것들을 사랑하는 사람들에게 신적 기쁨과 유용성을 가져다 주며, 경험한 사람들만이 이것을 안다네"(《성 브루노의 이야기》 중에서).

카르투시오 수도회는 성도들의 영적인 삶을 돌봐주는 사목 사역, 개신교 용어로 목회 사역보다 수도사 개인들의 영성 훈련에 집중합니다. 그러면 수사들은 사막의 학교에서 주로 무엇에 중점을 두고 살까요? 그들의 삶 속에서 두

드러지게 눈에 띄는 것은 무엇일까요?

고독, 침묵, 기도가 핵심 가치이자 삶의 방식입니다.

이것들이 카르투시오 수도사들의 가장 중요한 덕목이자 삶의 실재입니다. 카르투시오 수도회를 시작한 브루노는 라울에게 보낸 편지에서 고독에 대해 이렇게 적었습니다.

"고독 가운데에 그 어느 것도 비교할 수 없고 능가할 수 없는 사랑이 숨겨져 있다는 내적 확신을 가져야만 합니다.

최고의 사랑이 숨겨져 있는 이런 고독을 보호해주기 위해서 3개의 성벽이 있습니다.

첫째는 사막에서의 고독이고, 둘째가 봉쇄 울타리 안의 고독이고, 셋째가 독거처의 신비 안에서의 고독입니다. 지리적인 차원으로 볼 때, 수도사가 속한 수도회의 영역에서 개인이 거하는 방까지 집중해 들어가면서 고독은 더욱 강력하게 보호됩니다. 이때 고독은 하나님을 알아가는 데 방해가 되는 모든 것을 제거하는 것을 의미하기도 합니다."

다른 곳에서 이런 구절이 이어집니다.

"예수님의 고독처럼 우리의 고독도 육체나 마음의 고독

만이 아니라, 하나님과 우리 사이의 얼굴과 얼굴을 마주 봄에 있어 방해되는 모든 것들로부터의 고독입니다. 그러므로 우리는 그리스도의 가난으로 부유해지기 위해, 가난한 그분을 따르기를 더 좋아하며 꼭 필요한 것으로만 만족하는 것을 추구합니다."

 어쩌면 이것은 세상과 세상에 속한 것들로부터 더 완벽하게 봉쇄될수록, 방해를 받지 않고 하나님을 친밀하게 만날 수 있다는 고백입니다.
 사막의 영성을 추구하는 수도자들의 고독한 삶은 자신들이 대부분의 시간을 보내는 작은 공간 안에서조차 침묵을 중요하게 간주합니다. 고독과 침묵 안에서 하나님을 찾는 것이 덕을 행하고 각자의 소임을 다하는 수도자들의 핵심 가치기 때문입니다.
 목회와 설교를 강조하는 개신교 목회자들이 수도원을 처음 찾을 때 힘들어하는 것은 고독하게 있는 것, 즉 혼자 있으면서 침묵을 지키는 것입니다. 익숙하지도 않을뿐더러, 말을 하지 않고 머물러 있는 자체를 힘들어합니다. 그래서 어떤 목회자는 이때 안절부절못하기도 합니다. 하지만, 그런 사람도 점차 '침묵이 금이다'라는 불변의 가치를 점차 깨닫게 됩니다. 이는 인간이 하나님께 가까이 다가갈수록, 말이 시들어 버린다고 강조한 신비주의 신학자 위-디오니시우스의 가르침과도 맥을 같이 합니다. 신앙이 깊어질수록, 하나님께 가까이 갈수록, 언어의 한계를 절실히 느끼기 때문입니다.

카르투시오 수도사들은 지역민을 대상으로 사목, 즉 목회 사역을 하지 않습니다. 또한, 전문적으로 학문적 차원에서 신학을 연구하지 않으며, 일반 그리스도인들을 대상으로 영적인 상담을 하지 않습니다. 이들은 사회봉사나 교육이나 방문객 접대를 자신들의 일차적인 일로 간주하지 않기 때문입니다.

수도사들은 수도사들 전체가 매일 모여 드리는 예배나 성찬례, 그리고 공동 식사나 모임을 제외하고는 많은 시간을 홀로 침묵 가운데 지냅니다. 심지어 봉쇄 수도사들은 개인의 독거처에서 홀로 성찬례를 거행하기도 합니다. 세상의 삶에서 떠난 것만 해도 보통 사람이 견디기 힘든데, 이에 추가적인 고독과 침묵의 무게를 견뎌야 합니다. 수도자들은 그런 '사막'에서도 개인의 침묵과 타인의 침묵의 가치를 동일하게 존중하면서, 고독과 침묵 안에서 기도합니다.

"너는 기도할 때 골방에 들어가 문을 닫은 다음, 숨어 계신 네 아버지께 기도하여라. 그러면 숨은 일도 보시는 네 아버지께서 너에게 갚아 주실 것이다"(마태복음 6:6).

문자적인 의미에서 세상을 떠난 수도사들은, 동일하게 문자적인 의미에서 골방에 들어가 기도합니다. 우리는 기도란 하나님을 믿는 자와 하나님 사이에 대화라고 배웠습니다. 그래서 고독과 침묵으로 고요함과 정적이 흐르는 가운데, 우리의 삶의 목적인 하나님과 진정한 대화를 나눌 수 있습니다. 마치 결혼예식을 막 마친 신랑과 신부가 신혼집에서 둘만의 시간을 갖듯이, 수도자는 하나님과 대화하고, 기도하고, 사랑을 나눌 수 있습니다. 그것도 아무 것도 개입하지 않은 가장 편안하고 효율적인 환경에서 말입니다. 성 브루노 역시 자신의 편지에서 이렇게 말했습니다.

"거기에서 하나님과 그분의 종은 마치 친구들이 그런 것처럼 자주 대화를 나눈다."

독거처

이렇게 고독과 침묵과 기도를 강조하는 수도사들이 사

는 공간을 우리는 독거처, 혹은 독수처나 은수처라 부릅니다. 위에서 말한 침묵을 보호해주는 3개의 성벽 가운데 가장 깊은 곳이 바로 수도사가 살아가는 독거처입니다. 보통 스튜디오 개념의 작은 방과 거기에 딸린 개인용 텃밭, 혹은 정원이 바로 그곳입니다. 전체가 모여 예배나 식사나 모임을 하는 경우, 또는 산책을 하는 시간을 제외하고는 수도사들은 모든 삶을 바로 마음의 가장 깊은 궁전에 해당하는 "신성한 울타리" 안에서 생활합니다. 심지어 이들이 직계 가족을 만나는 것도 제한됩니다. 물론 가족과는 서신 교환이 허락되지만, 실제로 얼굴을 마주 보는 것은 1년에 2일씩 응접실에서 가족을 잠시 만날 기회입니다.

이곳에는 오늘날 우리가 당연시하는 문명의 이기를 찾아보기 어렵습니다. TV, 라디오, 전화, 인터넷이 없습니다. 심지어 화려하거나 계절에 맞는 옷을 골고루 갖추고 있지도 않습니다. 고독과 침묵과 기도에 방해되는 것들은 이곳에 자리할 수 없습니다. 제가 공부한 미국 뉴저지 프린스턴에서 멀지 않은 곳에 있는 펜실베이니아의 랭커스터에는 아미슈교인들이 살고 있던 마을이 있었습니다. 이들은 전기와 전화 같은 문명의 이기를 사용하지 않고 지금도 '버기'(Buggy)라고 부르는 검은 마차를 타고 이동합니다.

그래도 그들이 전통적 가치를 지키면서도 자유롭게 일상적인 생활을 하지만, 카르투시오 수도사들은 구중궁궐처럼 겹겹이 쌓인 곳에서 독거 생활을 합니다. 그런데 흥미로운 사실은 은둔생활이 처음에 적응하기는 힘들지 모르지만, 점차 무엇으로도 바꿀 수 없는 가치와 즐거움을 찾게 된다는 점입니다.

독거처, 가장 풍요로운 곳, 하나님과 세상과 일치하는 곳

이처럼 '사막'이라는 수도원 안에서의 고독과 침묵이 짙게 내릴 때, 우리는 사막의 오아시스에서 하나님을 만납니다. 이렇게, 수도사가 거하는 독거처는 수도사의 영혼이 하나님을 만나는 성소이고, 신랑과 신부의 신혼 방이고, 천국을 미리 맛보는 중간 기착지 주막입니다.

이곳은 "첫 인간이 성부의 음성을 들었던 동산으로 되돌아가는 장소"(창세기 3:8) 입니다. 또한 "주님이 당신의 영광을 보여주시기 위해 예언자를 부르신 광야"(열왕기상 19:5-13)입니다. 이곳은 또한 "예수님이 우리 각자의 이름을 불러주시는 주님의 부활의 정원"(마태복음 26: 34-40)입니다. 나아가, "기다리는 동시에 어둠 속에서 완전한 봉헌이 일어나는 겟세마네 동산"(요한복음 20:11-18)입니다. 그러고 보니,

세상의 모든 것을 다 팔아서 사야 하는 보배가 바로 그 독거처 안에 있습니다.

모든 것에서 분리된 이곳이 수도사와 하나님이 만나는 비밀의 방이 되는 동시에, 이곳은 동료 수도사들과 하나가 되는 공간이 되고, 봉쇄된 울타리를 넘어 세상과 하나가 되는 곳입니다. 수도사는 동료의 침묵과 고독을 자신의 것과 같이 존중합니다. 또한, 본인이 이곳에서 은밀하지만, 희열을 느끼고 만나는 하나님을 세상과 연결하며 축복합니다. 가장 멀리 떨어진 곳, 가장 깊은 마음의 궁궐에서 가장 맑고 순수한 영혼을 갖고 하나님과 동료와 세상을 잇습니다. 이런 차원에서 하나님과 세상을 영적으로 가장 강력하게 붙들고 연결해 주는 영적 나들목이 바로 이곳입니다.

여기서 '하나됨'이란 개념이 중요합니다. 하나됨이란 수도사가 하나님과 하나가 되고, 하나님이시자 그분의 말씀이신 그리스노와 하나가 되고, 교회의 예배와 경배에 있어서 하나가 되는 것을 의미합니다. 이런 하나됨은 각 개인 안에 머무르시고 공동체 안에 머무르시는 하나님, 그리스도, 성령의 임재에 의해 이루어집니다. 하나님의 거저 주시는 선물과 사랑으로 개별 수도사들이 갖는 그리스도에 대한 사랑, 신적인 사랑의 불은 독거처의 수도사들을 하나로 만들어 주는 매개체입니다. 이런 하나님은 개인의 독거처에서뿐만 아니라, 같이 모여 드리는 미사와 전례를 통해서도 분명하게 드러납니다. 수도사는 하나님과 세상의 나들목일 뿐만 아니라, 하나님과 형제, 자매들과 세상과 하나가 되고 하나가 되게 해 주는 성령의 불쏘시개일 수 있습니다.

어쩌면 다음과 같은 구절이 진실하게 마음에 다가옵니다. "모든 이들로부터 분리된 우리는 모든 이들과 일치합니다."

규칙적인 기도와 성찬례 사이를, 수도사들의 하루

"우리의 마음이 끊임없이 하나님께 순수한 기도가 바쳐지는 살아있는 제단이 되고, 이 기도가 우리의 모든 행위에 배어있기를"(회헌 4.4).

(1) 밤 기도-새벽기도(평균 2시간) Martins, Lauds

수도사들의 하루는 자정을 막 지나서 시작됩니다. 전날 일찍 잠자리에 들었다가, 새로운 하루가 시작되는 시점에 깨어 새벽기도를 준비합니다. 문자 그대로 하루의 시작을 하나님께 드리면서 시작하는 것입니다. 영원한 현재 가운데 주님의 오심을 깨어 기다리며, 부활의 여명을 맞이하는 마음으로 매일 아침을 맞이하고 느끼면서 드리는 기도입니다.

수도사들은 본인 스스로가 교회의 심장과 목소리가 되어 기도를 드립니다. 이 땅에 천상을 미리 보여주는 교회는 수도사들을 통해 예수 그리스도 안에서 성부께 찬미와 탄원, 흠숭과 경배, 그리고 용서를 위한 겸손한 청원을 드립니다. 이 시간에는 밤기도(Matins)에 찬양을 드리는 아침기도(Lauds)가 보통 12시 반부터 3시까지 진행됩니다. 이후에 아침까지 다시 잠자리에 듭니다.

(2) 7시 기도와 8시 성찬례(성당에서 공동으로)

아침 6시 반경 일어나서, 7시부터 8시까지 '일시경'(Prime, 1시경)과 묵상기도를 드립니다. 소시경(1, 3, 6, 9시경) 성무일도는 약 15분 정도 소요됩니다. 수도원에서 울리는 종소리에 맞추어 수도사가 거하는 독거처에서 드리는 기도 시간입니다. 날이 새어 밝아지는 시간에 하나님께 각자의 단순한 마음과 정신을 드리는 기도 시간입니다.

아침기도를 독거처에서 드린 수도사들은 8시에 성당에 모여 미사를 드립니다. 수도사들은 이 시간에 성찬례에 참여합니다. 이때 미사에 사용하는 성가들은 모두 그레고리안 성가로 구성됩니다. 카르투시오 수도회는 오랫동안 그레고리안 성가를 애용해 왔습니다. 단성음으로 된 성가가 영적인 절도와 개개인의 신앙을 내면화하는 데 도움을 주기 때문입니다. 프랑스 중서부지역, 파리와 낭트 사이에 위치한 솔렘(Solesmes)수도원은 중세 그레고리안 성가들을 집대성한 것으로 유명합니다. 하나님이신 그리스도, 빵의 형태를 지니고 우리 앞에 존재하는 그리스도의 몸을 신비적으로 받아들이는 매일매일의 성찬례는 수도사들의 영적인 삶의 중심에 자리합니다. 성 브루노도 이렇게 말했습니다.

"성찬례의 희생은 우리 삶의 중심이자 정점이며, 사막에서 그리스도를 통하여 우리를 성부께로 인도해주는 영적 출애굽의 만남입니다."

(3) 미사 이후, 저녁기도 사이

공동으로 드리는 성찬례를 마친 9시에는 삼 시경(Tierce) 기도를 드립니다. 이후에 성경을 읽고 묵상하는 렉티오 디비나의 시간을 갖습니다. 성경을 읽고 나서, 성경과 수도회의 전통과 관련이 있는 교부들의 글을 공부하고 익히는 시간을 갖습니다. 그리고 점심 이전까지는 손 노동, 즉 육체로 하는 노동의 시간을 갖고 각자 맡은 일을 실행합니다.

12시에 육 시경(Sext) 기도 시간을 갖습니다. 그러고 나서 점심 식사와 휴식 시간을 2시까지 갖습니다. 휴식 시간은 일상적인 휴식 시간과 전체가 모여 하는 산책 등을 포함합니다. 성 브루노도 사막의 교부를 인용해 휴식 시간을 이렇게 말했습니다.

"만약 활을 놓지 않고 계속 당기고만 있다면, 이 활은 탄력을 잃고 제구실을 하지 못하게 된다네."

수도사들이 전체로 모이는 활동 시간에는 주일날 갖는 공동 식사와 형제들 간의 모임, 'spaciement'라고 불리는 형제애를 나누는 장시간의 산책 시간이 있습니다. 이중 월요일마다 갖는 산책 시간은 3시간 정도 소요됩니다. 이때에는 특별히 번갈아 짝을 이루어 산책하면서, 서로 간의 영혼의 발전과 성장, 사랑, 육체적인 건강까지 고려해 진행합니다. 봉쇄 수도사들과 평수도사들이 함께하는 산책길은 서로 간의 연대감과 성장을 위해 매우 중요한 시간입니다. 봉쇄수도사들은 공동 기도, 집회 시간 외에는 독거처 밖으로 나갈 수 없고, 평수도사들은 노동 시간에 독거처를 나갈 수 있지만 수도원 울타리를 벗어날 수는 없습니다. 일주일에 한 번 하는 공동체 산책 때만 모든 수사들은 봉쇄 구역을 나가 왕복 3시간 정도의 거리를 둘씩 짝을 지어 걸으며 영적 담화를 나눌 수 있습니다.

2시에는 다시 구 시경(None, 9시과) 기도 시간을 짧게 갖습니다.

이후 저녁기도 시간까지 한 시간 반 정도 각자의 일터에서 노동 시간을 갖습니다. 하루의 일정을 보면 수도사들은 하루 평균 3시간 반 정도의 공부나 육체노동을 합니다. 독거처에 거하는 봉쇄 수도사들의 경우 겨울철 난방을 위해 장작을 패거나, 먹거리를 위해 여름에 정원을 가꾸거나, 책들을 제본하고 수리하는 일을 우선적인 3대 육체노동으로 삼습니다. 나머지 일상적인 일은 평수도사들이 감당합니다.

(4) 저녁기도에서 끝 기도 사이

4시경에 하루를 마감하는 저녁기도(Vespers) 시간을 한 시간 동안 갖습니다. 이후 5시부터 7시까지는 영적인 독서와 저녁 식사를 하고 자유롭게 기도하는 시간을 갖습니다. 결코 만만치 않은 일과를 보내는 수도사들에게는 하루를 정리하고 잠깐 숨을 돌릴 수 있는 시간입니다.

저녁 7시에는 하루를 마감하는 끝기도(Compline)를 한 시간 동안 드립니다. 그러면 분주하게 달려온 하루의 일과를 마칩니다. 수도사가 수도원의 종소리를 듣고 성당 문을 통과해 들어올 때, 다시 하나님의 거처 안으로, 또한 하루의 끝을 알리는 기도 시간 안으로 들어가는 것을 의미합니다. 이런 저녁기도는 저무는 해가 영혼을 영적 안식으로 초대하는 순간에 거행됩니다.

"하나님의 백성에게는 아직도 참 안식이 그대로 남아있기" (히브리서 4:9) 때문입니다.

수도사들의 하루의 일과의 주된 시간을 정리해 보면 다음과 같습니다. 기도와 미사 등 직접적인 성무일도에 24시간 중에 8시간가량을 사용합니다. 대략 8시간의 취침 시간을 이른 저녁과 새벽녘에 갖습니다. 독서와 공부, 노동, 식사 시간, 개인의 휴식 시간에 각각 2시간 내외의 시간, 총 8시간을 갖습니다. 그러면, 수도사들의 삶이, 8시간의 취침, 8시간의 성무일도, 8시간의 삶을 위한 시간을 보내고 있음을 알 수 있습니다.

나도 한번은 베네딕트 수도회인 솔렘 수도원에서 며칠

을 머문 적이 있습니다. 촘촘하게 구성된 수도원의 하루 일과가 개신교인인 내게는 매우 빡빡하게 느껴졌습니다. 기도를 마치고 조금만 쉬려 해도 금세 수도원의 종이 울리고, 다음 일정을 안내받았습니다. 특히, 저녁에 드리는 마지막 기도인 끝기도는 매우 인상적이었습니다. 특히 수도원장이 각 수도사의 눈을 마주보면서 연기가 나는 향을 뿌려주는 의식은 내일을 기약할 수 없던 중세 수도사들에게 종말의 축복을 기원해 주는 것 같았습니다. 오늘날에는 적지 않은 수도원들이 하루에 일곱 번씩 기도를 드리는 것보다, 3회 내외로 지킵니다. 하지만, 엄격한 은둔 수도를 실천하는 카르투시오 수도사들은 전통적인 기도의 사이클을 지금도 매일 지키고 있습니다.

렉티오 디비나

"누구든지 나를 사랑하면 내 말을 지킬 것이다. 그러면 내 아버지께서 그를 사랑하시고 우리가 그에게 가서 그와 함께 살 것이다"(요한복음 14:23).

거룩한 독서를 의미하는 렉티오 디비나는 성경을 중심으로 교부들을 비롯한 영적으로 거룩한 책을 읽는 것을 의미합니다. 수도사들이 성경을 읽는 이유는 영성수련의 기본을 형성하고 유지하기 위해서입니다. 수도사들은 전문적인 신학적 연구나 논쟁을 위해 성경을 읽는 것은 아닙니다. 매일 성경 읽기에 할애된 시간도, 그런 상황을 만들어주지 않습니다. 성경을 읽고, 필요한 일을 배우는 목적은 다음과 같은 구절에 분명하게 드러나 있습니다.

"우리는 고독 안에서 새로운 모든 사상의 흐름을 따라가기 위해 읽는 것이 아니라 평화 안에서 신앙을 키워나가고 기도를 유지하기 위해 독서를 합니다. 지혜롭게 잘 정돈된 독서는 영혼에 더욱 많은 힘을 주고 관상하는 데 있어 도움을 줍니다."

수도사들이 책을 읽는 시간은 하루에 두 번 정도 주어집니다. 오전 9시에 드리는 삼 시경 기도 후와 저녁기도를 마치고 저녁 식사를 기다리면서 갖는 독서 시간입니다.

소임

세상을 떠나 아무리 그리스도의 가난한 삶을 본받는 삶을 살더라도 생존 자체가 일을 필요로 합니다. 카르투시오 수도회는 수도사들의 영적인 수련을 돕고, 의식주 같은 일상사를 돕고, 부속 토지나 자산을 운영하기 위해 때론 16

명 내외의 평수도사들의 도움을 받기도 했습니다. 카르투시오 수도원에는 봉쇄 수도사들과 평수도사들이 공존합니다. 수도원과 독거처 안에서 최소한의 노동과 예배 외에 전적으로 개인적인 차원의 영성훈련에 매진하는 봉쇄 수도사들과 달리, 이들은 수도원 안팎을 자유롭게 오가며 노동을 우선시하는 평수도사들입니다. 지금도 수도원의 규모와 상관없이 거의 모든 수도사들은 매일 일정 부분의 노동을 합니다. 봉쇄 수도사들은 장작 패기, 정원 가꾸기, 서적 관리하는 것을 우선적인 노동으로 간주합니다. 평수도사들은 나머지 전체 일을 감당합니다. 이때 수도회를 지탱하기 위해 각자가 수행할 일을 '소임'이라 부릅니다. 영어로는 'obedience'라고 부릅니다. 이 단어는 원래 복종이나 순종을 뜻하는데, 각자 수행할 일도 하나님의 부름에 복종한다는 뜻을 담고 있기 때문일 것입니다.

각 수도사, 특히 평수도사들은 자신의 재능과 관심사와 필요에 따라 일을 맡습니다. 물론 수도사들이 수행하는 일은 상대적으로 단순하지만, 삶을 유지하기 위해서는 필수적으로 수행할 일들이 있습니다. 예를 들어, 주방, 설거지, 채소 다듬기, 정원관리, 각 독거처에 식사 배달의 일도 있습니다. 이 외에도 필요에 따라 제본, 바느질, 직조, 타이

핑, 작은 목공, 성상 제작 같은 일을 맡아 하기도 합니다.

3. "세상이 돌아가는 동안
  십자가는 굳건히 서 있습니다."

카르투시오 수도원 소개 영상 풀어쓰기

- 이번 작업을 위해 제가 카르투시오 수도회의 각종 자료와 영상을 필요한 만큼 사용하도록 따뜻한 배려를 받았습니다. 수도회가 보내주신 자료를 한국인 독자들이 보다 쉽게 이해하도록 두 편의 영상 내용을 번역하여 싣습니다.
- 한국 주님탄생예고 카르투시오 수녀원과 프랑스 총원의 자료를 사용했습니다.
- https://chartreux.org/moines/en/

봉쇄 수도사들의 삶

우리네 카르투시안들의 삶의 창시자들은
동방에서 온 하나의 별을 따르는 자들이었는데,
이름하여 초기 동방의 수도사들이었습니다.
그들은 주님께서 그들 안에서 장사되기 얼마 전에
흘리신 보혈에 대한 기억을 가지고
고독과 영적 가난의 삶을 살아가기 위해 사막으로 몰려

들었습니다(회헌 3.1).

  카르투시안 수도원(The Charterhouse)은 사막의 교부들에게서 영감을 받은 구조입니다.
  고독과 침묵이라는 틀은
  우리가 개별적으로 하나님을 듣고 그리스도를 따를 수 있도록 해 줍니다.
  우리의 주된 임무는 고독과 침묵 속에서 기도하는 것입니다.

  예수님의 임재 앞에 있는 존재가 되게 해 주는 내적인 침묵에 들어가는 것은 상당히 어렵습니다.
  돔 매시옹(Dom Le Massion)은 한번은 다양한 장벽에 대해 다음과 같이 설명했습니다.
  "장벽들이란 수도원 주변의 지리적 사막의 울타리, 수도원의 울타리, 그리고 봉쇄 수도사들에게는 독거처의 울타리입니다. 따라서 이것은 삼중 울타리인데, 우리 마음의 울타리를 최대한 보호할 수 있게 해 줍니다."
  사막 교부들과 그들의 제자들은 그것을 마음을 구류(久留)하는 것이라 불렀습니다.

그것이 가장 중요한 측면입니다.

그 중심에는 그리스도께서 우리를 초대하시는 그리스도와의 친밀한 삶이 있습니다.

그리고 수도원 안에서 그것은 절대적인 영역을 차지합니다.

"하나님은 우리 마음에 말씀하시기 위해 우리를 고독으로 인도하셨습니다.

그러므로 우리의 마음이 살아있는 제단이 되어,

그곳으로부터 순수한 기도가 끊임없이 하나님 앞에 올라가도록 합시다.

우리의 모든 행동이 그런 고독으로 스며들어야 합니다"
(회헌 4.11).

나는 수도원에 들어가기 전에, 교구 사제였습니다.

교구민들에게 고독이란 어렵습니다.

내가 카르투시아 수도원에 들어갔을 때, 그런 결정이 그들에게 충격이었습니다!

하지만 내게는 하나의 꿈이었습니다….

그런 결정은 불가능하지는 않지만, 소명이 있어야 했고 특정한 타고난 소질도 있어야 합니다.

우리는 하루의 대부분을 독방에서 고독하게 보냅니다. 그 독거처는 꽤 크고, 몇 개의 방을 갖고 있으며, '큰 회랑' 이라 불리는 공간과 수도원의 나머지 공간에서도 잘 분리되어 있습니다.

특히 세상과의 분리와 관련해 상당히 엄격하고, 꽤나 근본적인, 진정으로 금욕적인 측면이 있습니다. 유일하게 필수적인 것은 가능한 한 강렬하게 하나님께 집중하는 것입니다.

이런 소명을 가지고, 침묵 속에서 하나님과의 만남을 발견하는 것은 필수적입니다.

우리는 오전에 한번, 오후에 한번, 1시간 45분씩, 두 번의 기간을 공부와 육체노동에 전념합니다.

겨울철의 주요 작업은 독거처를 따뜻하게 하려고 우리가 태우는 나무를 톱질하는 것입니다. 여름에는 주로 정원에서 일합니다. 그것은 영이 고요해지고 지나치게 지적인 사색으로부터 자유로워지게 만드는 단순하고 육체적인 일입니다. 우리는 또한 책을 제본하고 우리 도서관에 있는 오래된 책을 복원합니다. 이것이 우리의 세 가지 주요한 육체적 작업이지만, 다른 작업도 있습니다.

독거처의 침묵과 고독은 전례 생활과 함께 매우 중요합

니다. 이것들은 성무일도일 뿐 아니라 그것들을 계속하기 위한 침묵 기도이기도 합니다.

이 기도는 다양한 형태를 지니고 있습니다. 가장 분명한 것은 전례기도인데, 이것이 하루를 구성해 주고, 카르투시아 수도원에 전형적인 것입니다.

특히 교회의 전례(예전)로서, 우리는 하루 세 번 교회에 모여 온종일 시편을 노래합니다. 그리고 그곳에서 모든 봉쇄 수도사들이 성무일도(offices)를 함께 찬양합니다. 자정에 밤기도(Martins)와 아침기도(Lauds), 아침에 이어지는 수도원의 미사 뿐만 아니라 각 사제는 자신의 독거처의 개인 경당에서 홀로 개인 미사를 거행합니다. 마지막으로 오후가 끝날 무렵, 우리는 함께 저녁 기도(Vespers)를 부릅니다.

우리의 창시자인 성 브루노(St. Bruno)는 진정한 은둔자였지만, 그는 그의 삶에서 결코 혼자가 아니었고, 친구든 동반자든 항상 다른 사람들과 함께했습니다. 이런 '함께함'은 카르투시오 수도원에 전형이 되었습니다. 즉, 진정으로 고독한 삶이지만 다른 사람들과 함께하는 것입니다.

매주 월요일 오후에, 우리는 약 4시간 동안 산책하러 나갑니다. 우리는 짝을 이루어 걷는데, 이는 매우 심오한 토론을 가능하게 해 줍니다. 그것은 우리의 친교를 강화해주는 중요한 일입니다.

카르투시오 수도원에 들어갈 때, 우리는 우리가 가난하고, 다른 사람들보다 우월하지 않으며, 그들과 마찬가지로 우리도 약점을 갖고 있음을 깨닫습니다. 우리를 부르시고 이런 양태의 삶을 살도록 우리에게 특별한 은총을 베푸시는 분이 바로 주님이십니다. 우리는 단순히 그분의 부르심과 은혜에 응답하는 것입니다.

봉쇄 수도사들의 삶은 평수도사들의 삶에 의해 가능하며, 그 반대도 마찬가지입니다. 자신들의 독거처에 있는 봉쇄 수도사들은 평수도사들에게 의존합니다. 평수도사들은 봉쇄 수도사들을 위해 음식을 준비하고, 시설을 관리하고, 난방을 위한 장작을 준비하는 등과 같은 일들을 합니다. 수도원의 모든 물질적 기본 생활은 그들에게 달려 있습니다. 그리고 평수도사들은 성례, 곧 미사와 고백을 위해 봉쇄 수도사들이 필요합니다.

이러한 봉사의 상호성은 공동체를 하나로 묶어 줍니다. 한쪽은 다소 물질적인 섬김을 제공하고, 다른 쪽은 사제적인 섬김을 제공합니다. 또한, 봉쇄 수도사들과 평수도사들은 일요일 또는 축일마다 함께 모여 공동으로 점심 식사를 합니다. 1년에 몇 차례 정도, 봉쇄 수도사들과 평수도사들이 함께 한 시간 동안 교류하는 전체 공동체의 레크리에이션 시간도 있습니다.

"자신의 독거처에서 충실히 생활하며
그것으로 스스로가 형성되도록 자신을 내어주는 수도사는
점차 그의 삶 전체가
하나의 지속적인 기도가 되는 경향이 있음을 알게 될 것입니다.
그러나 그는 엄격한 전투를 치르지 않고는 자신의 안식에 이를 수 없습니다.
이처럼, 그는 인내의 밤을 통해 깨끗함을 받고,
열심히 성경을 묵상함으로 위로를 받고 유지되고 있으며,
성령으로 말미암아
자기 자신의 영혼의 깊은 곳으로 인도되어,
그는 이제 하나님을 섬길 뿐만 아니라
사랑 안에서 심지어 그분에게 붙들려 있습니다"(회헌 3:2).

수련자들은 수련장이 함께하고, 수련 기간이 끝난 이후에는 원장이 함께 합니다. 누구에게나 고해신부(영적 지도자)

가 있습니다. 우리의 영적인 삶에 홀로 남겨지지 않는 것이 중요합니다. 우리의 삶은 도전과 메마른 시기에서 완전히 자유로울 수는 없지만, 주님은 내면의 은총을 주십니다. 그것이 기도의 영적 전투입니다. 우리는 기도에 전념하고, 기도에 우리의 삶을 바칩니다. 그리고 우리는 영적인 전투에 온전히 관련되어 있습니다.

항상 매일매일의 싸움, 즉 그리스도를 계속 선호하는 싸움이 있습니다. 우리는 항상 게으르고, 부주의하고, 과거를 생각하고, 세상에서 우리가 무엇을 할 수 있는지를 생각하는 등 그리스도로부터 멀어지려는 경향이 있습니다. 이 전투는 이 모든 것보다 지금 여기에서만 살아계신 예수님과의 관계를 우선시하는 것입니다. 그것은 매우 아름답고 흥미롭고 힘든 삶입니다. 카르투시안의 삶이 아름답지만 '농시에' 힘든 삶이기에 당신은 이 중 하나만을 가질 수는 없습니다. 그리스도께서 매 순간 정확하게 내가 있는 곳에서 나를 원하신다는 확신이 없다면, 결과적으로 내가 하는 것은 무엇이든지 그것이 내가 그분과 연합하는 하나의 방법이라는 확신이 없다면, 나는 내가 버렸던 것을, 즉 내가 태어난 가족, 내가 속했을 가족과 내 친구와 세상 속에서의 직업만 보게 될 것입니다.

그러나 동시에 그리스도와의 긴밀한 삶은 카르투시오 수도원에서 가능하고, 가장 큰 내적인 자유를 위해 이러한 것들을 포기할 것을 요구합니다. 그리고 그것은 내가 뒤에 남겨두었던 모든 것에 대해 천 배로 보상해 줍니다.

아무도 자신을 위해 살도록 되어 있지 않습니다.

우리는 모두 하나님과 다른 사람들을 위해 살도록, 우리 자신을 바치도록 초대받았습니다.

"세상이 돌아가는 동안, 십자가는 굳건히 서 있습니다."

평수도사들의 삶

"카르투시안 수도회(Carthusian Oder)는 처음부터
그 지체들이 다양한 기능들이 있는 하나의 몸처럼,
봉쇄 수도사들과 평수도사들로 구성되어 있습니다.
양쪽 모두 수도사들이고, 그래서 방식은 다르지만 동일한 소명을 공유하고 있습니다.
그리고 카르투시오 가족이 교회 안에서 보다 큰 완전함으로 그 역할을 수행할 수 있게 해 주는 것은 바로 이러한 다양성입니다"(회헌 11.1).

나는 평수도사입니다. 평수도사들은 부엌에서든, 세탁실에서든, 그림이나 창문 작업과 같은 유지 보수 작업을

하든, 수도원에서 다양한 서비스를 제공합니다. 우리는 손으로 하는 많은 노동을 감당하는데, 하루 평균 6시간을 일합니다. 우리는 어떤 정해진 기간을 갖고 있지 않습니다. 그것은 평화로운 삶의 방식인데, 여기서 모든 것이 기도에 바쳐집니다.

"나는 평범한 청년이었습니다. 내 인생의 대부분 동안, 신앙은 내게 거의 영향을 미치지 않았습니다. 나는 당시 문화의 주된 이데올로기의 영향을 받았습니다. 그래서 나는 철학을 공부했습니다.

나는 농업적인 배경을 갖고 있습니다. 어린 시절 라 그랑드 샤르트뢰즈 박물관을 방문한 후, 이런 삶의 방식에 대해 스스로 질문했을 때 나의 소명은 시작되었습니다. 그리고 그것은 계속해서 솟아오른 질문이었습니다. 어떻게 그런 일이 일어났는지 설명하기는 어렵지만, 일종의 확신이 있습니다. 나에게 각 사람의 소명은 하나님의 신비 다음으로 가장 큰 신비입니다. 그것은 이해할 수 없습니다. 하나님께서는 어떤 기준으로 누군가를 수도원으로, 어떤 사람을 결혼으로, 또 어떤 사람을 사도적 삶으로 부르시는 것입니까? 이것은 이성을 넘어선 것입니다."

우리가 독거처의 네 벽에 의해 물리적으로 제한되지 않는다는 점에서 봉쇄 수도사들과 비교할 때 평수도사들의 고독의 경험은 다릅니다. 그런데도 우리는 독거처에서 많은 시간을 보냅니다. 우리는 그곳에서 혼자 점심을 먹습니다. 그리고 미사 전에 저녁기도와 함께 밤까지 계속해서 고독 가운데 기도 시간을 가집니다. 실제로 우리는 하루의 많은 시간을 고독 속에서 보냅니다. 가능한 한 혼자 작업하려고 합니다. 봉쇄 수도사들과 평수도사들의 고독 사이의 주된 차이는 물리적 공간과 관련되어 있습니다. 우리의 작업은 우리가 여전히 고독을 유지하면서 독거처 밖과 작업장에 있을 수 있도록 해 줍니다. 수도원은 우리가 내적인 침묵 속에서 더 쉽게 기억하고 하나님의 임재에 직접 몰입할 수 있게 해 줍니다. 침묵은 기도를 위해 따로 정해진 시간, 즉 우리가 독서를 하지 않거나 어떤 식으로든 바쁘지 않을 때만 존재하는 것이 아닙니다. 침묵은 포착하고 지킬 수만 있다면, 어디에나 있고 항상 존재합니다.

평수도사들은 사막의 교부들의 위대한 수도원적 전통과 하나 된 자신의 마음의 평안 속에서 살 수 있어야 합니다. 어떤 사람들은 예수의 거룩한 이름으로 드리는 기도를 합니다. "하나님의 아들이신 주여, 불쌍한 죄인인 내게 자비를 베푸소서." 다른 이들은 다양한 마리아의 기도 형태를 사용해 기도하고, 다른 사람들은 성경을 묵상하고 명상함으로 실천합니다.

지적인 노동과 반대되는 육체적 노동은 하나님의 말씀을 반복하거나 관상하는 끊임없는 기도를 위해 우리 마음을 자유롭게 합니다. 육체적 노동은 단단히 고정된 닻처럼 마음을 안정시킵니다. 그것은 우리가 발을 땅에 딛고 있도록 해 줍니다. 우리의 손과 몸은 기도하기 위해 우리 가슴과 마음을 자유롭게 만들어 주는데 분주합니다. 봉쇄 수도사들의 소명은 특별히 전례를 통해 하나님께로 향하는 데 초점을 두고 있습니다. 반면 평수도사들의 소명은 섬김의 수단을 통해 하나님을 사랑하는데 보다 큰 강조점을 둡니다. 두 가지 삶의 방식은 상호보완적입니다. 봉쇄 수도사들은, 봉사로 인한 의무를 다하는 평수도사들의 도움을 통해서 자신들의 소명을 완수할 수 있습니다. 봉사에는 특별한 기쁨이 있습니다.

"성찬례는
우리의 삶의 중심이자 정점입니다.
또한 우리가 고독 속에서 '출애굽'(exodus)하기 위한 영적 양식이 되는 데 있어서도 마찬가지입니다.
그것으로 우리는
그리스도를 통해 아버지께로 돌아갑니다.
순환되는 전례력 전체에 걸쳐 그리스도께서는
우리의 제사장으로서
우리를 위하여 기도하실 뿐만 아니라
우리의 머리로서 우리 안에서
기도하십니다"(회헌 11.8).

공동체 생활과 고독한 생활 사이의 이러한 균형은 연장자들로 하여금 이렇게 말하게 할 것입니다. "우리는 은둔자가 아닙니다. 오히려 우리는 은둔자들의 공동체입니다."

평수도사들은 저에게 큰 영감을 줍니다. 많은 사람들이 알아주지 않는 일을 하고, 읽을 시간이 거의 없지만, 산책하는 동안 그들과 이야기하면서 나는 속으로 이렇게 생각합니다. "정말 지혜롭구나, 정말 거룩하구나! 어떻게 교회 모든 박사의 글을 읽어온 나보다 그들이 더 현명하다는 것이 가능한가?"

우리는 주님께서 제자들의 발을 씻기시면서 말씀하신 것이 복음임을 발견합니다. 그것은 축복입니다. 봉사에는 축복이 숨겨져 있습니다. 형제들을 섬기는 것은 에고(Ego)의 포로가 될 수 있는 우리 자신을 넘어서는 데 도움을 줍니다. 다른 사람을 섬기고 우리 자신보다 그들을 우선시하는 것은 겸손에 매우 좋습니다. 자신을 낮춤으로써 우리의 자존심을 발견하고 봉사가 해방의 길임을 발견하게 됩니다.

나는 지상에서의 최대의 기쁨이 하나님의 뜻을 따르는 것이라 믿습니다. 누군가가 하나님과 그분의 뜻에 "예"라고 대답하자마자, 즉각적인 평화가 따라 옵니다. 그것은 영적 전쟁이 닥쳐왔을 때, 우리는 주어진 은혜로 인내하며 하나님의 뜻에 머물게 됩니다. 그것은 내 인생의 모든 단계를 통해, 나 자신이 만족하지 못하고 있음을 발견하였던 것을 기억하게 합니다. 채워지지 못한 것을 알고 있습니다. 나는 하나님께서 부르신 곳에 있지 않았기 때문에 깊은 평안함이나 심오한 기쁨을 결코 경험하지 못했습니다. 내가 이해할 수 없는 커다란 하나의 역설이 있습니다. 내 삶이 그렇게 가난했을 때만큼 부유하다고 느낀 적이 없다는 것입니다.

"겸손은 우리 삶의 뿌리이자 기초이며, 수도사의 삶을 완성하는 면류관입니다." 묵주기도의 끈이 구슬을 제자리에 고정해 주듯이, 우리의 덕들을 지켜 주는 것은 겸손입니다.

"당신의 허리띠를 매고 등불을 켜 두도록 하라. 혼인 잔치에서 자신들의 주인이 돌아오기를 기다리는 생명의 사람이 돼라"(누가복음 12:35 이하).

"우리는 그분을 우리 삶의 유일한 중심으로 만듭니다.
우리의 고백을 통해
세속적인 것에 지나치게 몰두한 세상에
그분 외에는 신이 없다고 증언합니다.
우리의 삶은
천국의 기쁨과 같은 것이
여기 이 땅에 이미 존재한다는 것을 분명히 보여줍니다.
곧, 그것은 우리의 부활한 상태를 미리 보여주고,
세상의 최종적인 갱신을 어느 정도 예기합니다."(회헌 11.1).

영생은 지금 시작됩니다.

우리는 이미 다가올 세상의 축복을 누리고 하나님을 찬양하는 신비 속으로 들어가기 시작합니다. 그분은 우리가 영원을 살도록 부르셨습니다. 나는 이런 신비 앞에서 경외감에 사로잡힌 아이인 것처럼 느낍니다.

사진자료

카르투시오 수도회를 시작한 세인트 브루노 (Bruno, 1030-1101)

카르투시오 수도회

사진자료

한국 주님탄생예고 카르투시오 수녀원

수도사들의 일상

사진자료

수도사들의 일상

봉쇄 수도사들의 일상

사진자료

평수도사들의 일상

한국 주님탄생예고 카르투시오 수녀원의 일과표

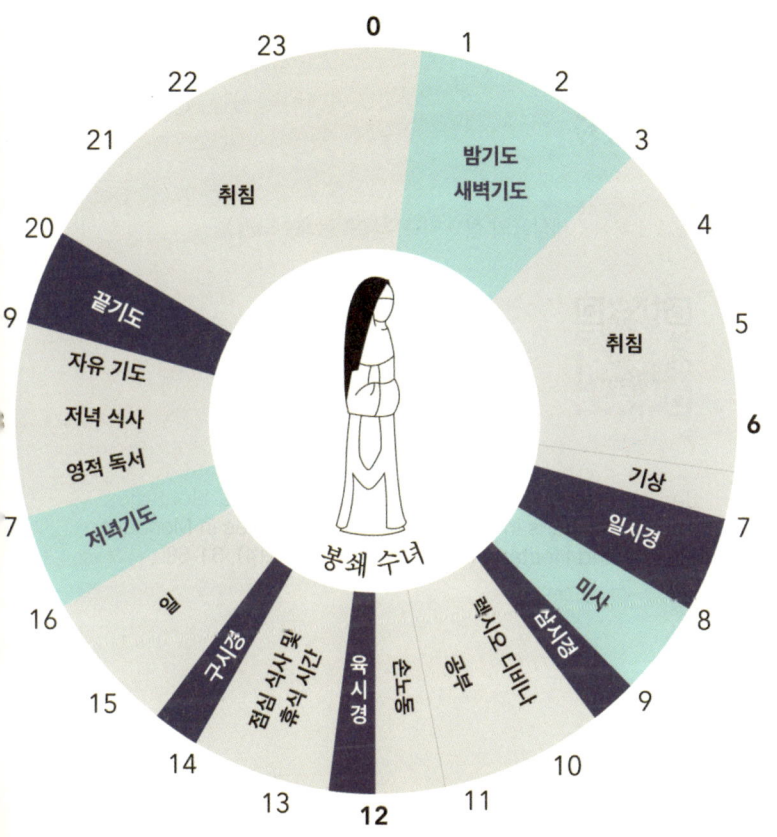

영상 및 기타자료

카르투시오 수도회

KBS 3부작 〈 세상끝의 집 – 카르투시오 봉쇄수도원 〉

James Hogg, "The Carthusians History and Heritage," The Carthusians in the Low Countries: Studies in Monastic History and Heritage (Peeters Leuven, 2014), 31-56.